AF273551

Frank Feldhusen

Ich habe deine Tränen gesehen

**Aufbauende Aussagen aus Gottes Wort
für Zeiten des Abschieds und der Trauer**

Der Titel dieses Buch ist einem Bibelwort entnommen, das im 2. Buch der Könige steht. (2Könige 20,5 LÜ)

Die Bilder auf den Seiten 28.36.40.48.65.72.100.104 sowie dem Frontcover dieses Buches wurden auf dem Ohlsdorfer Friedhof in Hamburg gemacht. Mein Dank gilt Frau Dr. Scherres für die Erlaubnis, die betreffenden Fotos in diesem Buch abdrucken zu dürfen.

Als Menschen leben wir „*abschiedlich*". Im Laufe unseres Lebens müssen wir uns immer wieder neu von Dingen und Menschen verabschieden. Der Abschied gehört zu unserem Menschsein untrennbar dazu.

Trennung ist unser Los,
Wiedersehen ist unsere Hoffnung.
So bitter der Tod ist,
die Liebe vermag er nicht zu scheiden.
Aus dem Leben ist er zwar geschieden,
aber nicht aus unserem Leben;
denn wie vermöchten wir ihn tot zu wähnen,
der so lebendig unserem Herzen innewohnt!
(Aurelius Augustinus)

Die Trauer hört niemals auf,
sie wird ein Teil unseres Lebens.
Sie verändert sich und
wir ändern uns mit ihr.

Inhalt

Einleitung

Wer den Verlust eines lieben Menschen zu beklagen hat, ist traurig, trauert. Trauer lässt sich als ein Weg beschreiben. Doch dieser verläuft nicht einfach nur gerade aus; es wechseln sich nicht einfach verschiedene Phasen nacheinander ab. Deshalb hat man versucht, Bilder zu finden, die diesen Prozess des Trauerns angemessen beschreiben.

Das *Bild des Labyrinths* beispielsweise „bringt zum einen das Gefühl der Ausweglosigkeit des Trauernden zum Ausdruck, beinhaltet andererseits jedoch auch die Hoffnung, irgendwann einmal durch das Labyrinth hindurch zum Ziel zu gelangen, zum Ausgang. Das Labyrinth hat eine Mitte und alle Wege führen zu ihr. Von dieser Mitte aus geht der Trauernde verwandelt wieder zurück ins Leben."[i]

Die Brücke ist ein weiteres Bild für den Trauerprozess.[ii] Sie „verbindet Vergangenheit und Zukunft. Auf der Brücke geht der Trauernde hin und her, um beides miteinander zu verbinden so lange, bis er einen neuen Weg gefunden hat (siehe Seite 47)."[iii]

Die Psychotherapeutin Verena Kast beschreibt den Trauerweg als einen *Wechsel verschiedener Phasen*. Dabei löst die eine nicht einfach linear die jeweils vorangehende ab. Manche Phasen durchläuft der Trauernde mehrere Male und springt dann wieder zurück oder nach vorne.[iv]

„Es gibt nicht nur einen Weg durch die Trauer. Es gibt viele Wege, denn jeder Mensch trauert anders."[v] Nicht nur anders, sondern auch unterschiedlich lange.

Das Bild, welches den Trauerweg am angemessensten beschreibt, ist meines Erachtens das der **_Spirale_**. Der Trauernde durchläuft verschiedene Phasen immer wieder, und es scheint so, als drehe er sich nur im Kreis. Dies ist aber nicht der Fall. Mit jedem weiteren "Durchlauf" kommt er näher in Richtung Ausgang. Am Ende des Trauerprozesses öffnet sich die Spirale in ein neues Leben.[vi]

Diese Darstellung des Trauerweges „spiegelt die Erfahrungen vieler Trauernder wider. Manchmal haben sie das Gefühl, als wären sie wieder zurückgefallen in ihrer Trauer. Der Todestag eines geliebten Menschen z. B. lässt sie auf einmal den Schmerz des Verlustes so tief erleben, als wären sie kein Stück auf dem Weg weitergekommen. Die Spirale will dann sagen: 'Ja, Du fühlst Dich jetzt genau so wie vor einem Jahr, aber du bist jetzt auf einer anderen Ebene.'"[vii]

Dieses Buch enthält neben Texten aus dem Wort Gottes, der Bibel, auch einige Geschichten, die Sie auf dem Weg Ihrer Trauer begleiten und unterstützen sollen. „Wenn der Arzt seinen Patienten gute Geschichten erzählt, dann braucht er halb so viel Narkosemittel.", so ein Ausspruch von Dr. Ferdinand Sauerbruch, einem der bedeutendsten und einflussreichsten Chirurgen der ersten Hälfte des 20. Jahrhunderts. Auch Jesus hat Geschichten erzählt. Geschichten sind hilfreicher als Ratschläge. Wer sie liest, nimmt ganz individuell das auf, was ihn anspricht, ihn anregt, im Moment erreicht und hilft. Eine Geschichte ist ein Angebot, eine Einladung, sich mit dem Gelesenen oder Gehörten auseinanderzusetzen. Möge dieses Buch Sie auf Ihrem individuellen Trauerweg helfend begleiten, dass Sie erfahren, wie sich am Ende die Spirale des Trauerweges in ein neues Leben hinein öffnet.

Frank Feldhusen

Folgende **Elemente** können Sie **auf Ihrem Trauerweg** helfend begleiten, damit der Schmerz tragbar wird:

- Weinen Sie, wenn Ihnen danach zumute ist!
- Stellen Sie sich auf eine Vielzahl von Gefühlen ein und lassen Sie sich dadurch nicht verunsichern!
- Führen Sie ein Tagebuch!
- Ignorieren Sie verletzende Bemerkungen!
- Üben Sie sich in Geduld! Ein Trauerweg dauert *seine* Zeit.
- Stellen Sie sich Ihrer Trauer und laufen Sie nicht davor weg!
- Erwarten Sie nicht, dass Ihre Trauer einem bestimmten Muster folgt oder nach einer bestimmten, festgelegten Zeit zu Ende ist!
- Erzählen Sie die „Geschichte" – wenn es nötig ist – immer und immer wieder!
- Wenden Sie sich an Gott und beten Sie zu ihm! Er ist ganz gewiss nur ein einziges Gebet weit entfernt.
- Hören Sie Musik!
- Weisen Sie entschieden destruktive Mythen über Schmerz und Trauer von sich, die man Ihnen vermitteln will, wie z. B.:
  - Der Tod ist etwas, worüber man nicht spricht.
  - Du musst über deinen Schmerz hinwegkommen!
  - Du musst stark sein und einfach weitermachen!
  - Tränen sind ein Zeichen der Schwäche.

- Lassen Sie sich durch „Trauerausbrüche" nicht aus der Fassung bringen! Sie sind völlig normal.
- Versuchen Sie das Konzept der „Versöhnung" zu verstehen! „Trauernde erholen sich nicht von ihrer Trauer. Wir 'versöhnen' uns mit ihr. (…) Wir lernen damit leben, und sind dadurch verändert." [viii]

1) Die Vergänglichkeit allen Lebens

Der Tod greift immer wieder in das Leben hinein, wir verlieren etwas, müssen loslassen, verzichten, etwas aufgeben, uns von einem geliebten Menschen trennen. Immer wieder verändert sich unser Leben, müssen wir Vertrautes verlassen, uns den sich daraus ergebenden Herausforderungen stellen. Aber wir verlieren nicht nur, wir gewinnen auch etwas. Durch die vielen Veränderungen in unserem Leben erhalten wir die Gelegenheit, unser Wesen zu entwickeln und zu entfalten.[ix]

Wir leben stets „abschiedlich". Der Abschied gehört nicht an das Ende unseres Lebens, sondern mitten in das Dasein hinein. Abschied vom Bauch der Mutter bei der Geburt, Abschied von einem ständigen Leben im Umkreis der Mama durch den Eintritt in die Schule, Abschied von der Kindheit, Abschied von der Schule, Abschied der Eltern von den eigenen Kindern, die flügge werden, Abschied vom Junggesellendasein, Abschied vom Partner durch Trennung, Scheidung oder Tod, Abschied aus dem Berufsleben, Abschied von der Gesundheit, Abschied von der eigenen Kraft durch Krankheit oder zunehmendes Alter. Veränderungen gehören zu unserem Leben untrennbar dazu. Sie machen uns Angst, müssen aber dennoch immer wieder gemeistert werden.

„Leben angesichts der Todes muss 'abschiedlich' gelebt werden; wir müssen immer bereit sein, Abschied zu nehmen, uns zu verändern, und immer auch wieder bereit sein, unsere Geschichte als Geschichte von unendlich vielen Veränderungen ins uns aufleuchten zu

lassen..."[x]
Entscheidend ist, dass wir Abschiede, „Trennungen
nicht nur ertragen können, sondern, dass sie durch die
Trauer hindurch dazu führen, uns selbst wieder neu zu
erleben."[xi]

**Der Tod macht alle Bemühungen der
Menschen zunichte, sich mit irdischen Werken
und Werten unsterblich zu machen. Er setzt
aber nicht nur das Gesetz der Vergänglichkeit
durch, er ist auch der große Gleichmacher:
Mehr als den Sarg und das Totenhemd, das
auch die bloße Haut sein kann,
beläßt er niemandem.**
(Wulf Segebrecht)[xii]

Tag 1   Der Mensch ist wie das Gras, das verdorrt

„Alles Sterbliche ist wie das Gras und all seine Schönheit ist wie die Blume auf dem Feld. Das Gras verdorrt, die Blume verwelkt, wenn der Atem des Herrn darüber weht. Wahrhaftig, Gras ist das Volk. Das Gras verdorrt, die Blume verwelkt, <u>doch</u> das Wort unseres Gottes bleibt in Ewigkeit."
(Jesaja 40,6-8 EÜ)
„Wir alle müssen einmal sterben. Wir sind wie Wasser, das auf den Boden geschüttet wird: Es verrinnt und versickert unwiederbringlich."
(2Samuel 14,14 Hfa)

Wer einmal Schnittblumen einen gewissen Zeitraum lang beobachtet, der kann an ihnen ablesen, wie vergänglich alles Leben auf dieser Erde ist. Zum Hochzeitstag, Geburtstag oder Valentinstag hast du einen wunderschönen, herrlich anzusehenden, duftenden Blumenstrauß geschenkt bekommen, doch bereits einige Tage später – je nachdem wie frisch die Blumen waren – ist die Farbe der Blüten verblasst, bekommen sie die ersten braunen Stellen, und ihr Duft schwindet unaufhörlich. Ein eindeutiges Signal: Es dauert nicht mehr lange, dann sind diese Blumen verwelkt und landen im Müll. Aus und vorbei.

Wir Menschen sind ebenso vergänglich wie unsere pflanzlichen Mit-Geschöpfe. Regnet es in Israel, dann wird scheinbar toter Boden plötzlich, innerhalb kürzester Zeit, zur „Oase", dann grünt und blüht es überall. Ein Wunder. Doch genauso schnell wie das

Grün gekommen ist, ist es auch damit wieder vorbei,
wenn es zu regnen aufhört und der glühend heiße
Wüstenwind, der Atem Gottes, über das Land weht.
Dann verdorrt das Gras und die Blume verwelkt und
urplötzlich ist alles wieder braun und tot.
So schnell kann es auch mit uns aus und vorbei sein.
Wie können wir mit dieser Tatsache in einer guten
Weise umgehen? Der Prediger Salomo gibt auf diese
Frage eine zweifache Antwort: Freue dich über dein
Leben solange es dir gutgeht! Genieße es! Denke dabei
aber gleichzeitig an Gott, deinen Schöpfer, dem du dies
alles verdankst! Und sei dir stets bewusst, dass du
alterst und einmal sterben wirst! (Kohelet [Prediger]
11,9- 12,1; 9,5-10; 8,15)

Die Aussagen zur Vergänglichkeit allen Lebens sind
aber nicht alles, was uns der Prophet Jesaja zu sagen
hat. Er lässt uns nicht ernüchtert und ohne Perspektive
zurück. Er deutet vielmehr auf einen Silberstreif am
Horizont. Jesaja ruft heraus:
Es gibt inmitten dieser Vergänglichkeit ein „Doch".
Nicht alles wird vergehen. Da gibt es etwas, dass in
Ewigkeit Bestand hat: das Wort Gottes. Dieses wird im
Neuen Testament mit keinem anderen als Jesus Christus
identifiziert (Johannes 1,14). Wer sich an ihn hält und
ihm vertraut, der bekommt Anteil an dieser
Unvergänglichkeit. Darüber im weiteren Verlauf dieses
Buches mehr.

Gebet:

Himmlischer Vater, du hast mich und alles Leben auf dieser Erde geschaffen. Dafür danke ich dir. Ich weiß, dass ich einmal sterben werde, denn du hast mich vergänglich gemacht. Ich danke dir für all das Gute, das du mir gegeben hast und jeden Tag neu schenkst. Ich freue mich darüber und will es genießen, solange du es mir gibst. Ich nehme es dankbar aus deiner guten Hand. Danke aber auch, dass etwas existiert, das Bestand hat und niemals vergeht, dein göttliches Wort, Jesus Christus, und dass alle, die an ihn glauben, Anteil bekommen an seiner Unvergänglichkeit. Amen.

Tag 2   Erde zu Erde, Asche zu Asche, Staub zu Staub

„...der Staub kehrt zur Erde zurück, so wie er
gewesen, und der Geist kehrt zu Gott zurück, der
ihn gegeben hat. "
(Kohelet [Prediger Salomo] 12,7 Elb)
„Lehre uns bedenken, dass wir sterben müssen, auf
dass wir klug werden." (Psalm 90,12 LÜ)

„Erde zu Erde, Asche zu Asche, Staub zu Staub", so
kann man es bei Beerdigungen am Grabe hören. Unser
aller Leben hat ein Ende. Es ist vergänglich.

Der Mensch (hebräisch: Adam) ist aus der Erde
(hebräisch: Adama) geschaffen. Er ist ein „Erdling",
gemacht wie alles andere, was lebt, aus Erde, aus
„Staub", aus den chemischen Grundstoffen dieser Welt.
Stirbt ein Mensch, dann zerfällt er wieder in seine
Bestandteile. Er löst sich auf, tritt erneut in den
Kreislauf des Werdens und Vergehens ein und dient
neuem Leben als Baustoff. Die Lebenskraft des
Menschen hingegen, der Lebensodem, den der
Schöpfer ihm einst eingehaucht hat (1Mose 2,7), kehrt
zurück zu Gott.

Warum ist es so entscheidend für uns und unser Leben,
zu erkennen und uns dessen bewusst zu werden, dass
wir vergänglich sind und einmal sterben müssen? Weil
es für uns keine zweite Chance gibt. Das Leben kennt
keine Generalprobe, es ist vielmehr die Aufführung
selbst. Die Gelegenheiten, die wir in diesem Leben
verpasst haben, kommen nie wieder. Es gibt keinen

erneuten Durchlauf, wie uns die Vertreter der fernöstlichen Reinkarnationslehre glauben machen möchten. Wir kommen nach unserem Tod nicht immer wieder zurück auf diese Erde und bekommen neue Chancen, es dieses Mal besser zu machen. Sind wir anderen Menschen in diesem Leben etwas schuldig geblieben, etwa Liebe und Zuwendung, dann können wir es nach unserem Ableben nie wieder gutmachen. Das ist hart, aber die Realität.

Mose bittet Gott in einem Psalm: *„Lehre uns bedenken, dass wir sterben müssen, auf dass wir klug werden."* Wer sich im Klaren darüber ist, dass seine Lebenszeit begrenzt ist, der wird klug, indem er die ihm verbleibende Zeit sinnvoll und verantwortlich nutzt. Ein solcher Mensch wird nicht in den Tag hinein leben und seine Lebenszeit vergeuden bzw. ungenutzt verstreichen lassen. Er wird sich vielmehr für diese Erde, die Bewahrung der Schöpfung, seine Mitmenschen und die Umsetzung von Gottes Plänen einsetzen.

Dennoch gilt: Auch wenn wir uns noch so stark engagieren und das, was wir machen, in bester Absicht tun, werden wir immer wieder an Menschen schuldig oder bleiben ihnen etwas schuldig. Manches wird auch misslingen und nicht verwirklicht oder fertiggestellt werden, vielmehr unvollendet bleiben.
Doch auch wenn unser irdisches Leben ein Bruchstück, ein Fragment, bleiben sollte, dürfen all jene, die Jesus Christus in ihrem Herzen tragen und ihm nachfolgen, wissen: Dieses irdische Leben ist nicht alles. Der Tod hat nicht das letzte Wort. Es gibt eine Hoffnung über diesen hinaus. Unser unvollendetes Leben wird mit all seinen dunklen Flecken, seinen Runzeln und Narben in

der neuen Welt Gottes vollendet werden.

Gebet:

Himmlischer Vater, ich danke dir, dass du mich aus Erde, der Grundsubstanz dieser Welt, geschaffen und mir deinen Lebensatem eingehaucht hast. Du wolltest, dass ich lebe. Ich danke dir für die Zeit, die du mir zugemessen hast und die ich hier auf Erden verbringen darf. Ich weiß aber auch, dass mein Leben einmal zu Ende sein wird. Auch das hast du in deiner Weisheit so eingerichtet. Danke Vater, dass dieses irdische Leben nicht alles ist. Danke, dass der Tod nicht das letzte Wort hat. Mein bruchstückhaftes Leben wird einmal in deiner neuen Welt zur Vollendung gebracht werden. Amen.

**„Herr, erinnere mich daran,
wie kurz mein Leben ist.
Und dass meine Tage gezählt sind,
damit ich erkenne,
wie vergänglich mein Leben ist.
Mein Leben währt nicht länger
als die Breite meiner Hand
und ist vor dir nur wie ein Augenblick.
Nur wie ein Hauch ist jeder Mensch,
wie sicher er auch steht.
Wir sind nicht mehr als Schatten,
und all unsre Geschäftigkeit führt zu nichts.
Wir häufen Reichtum an,
den ein anderer ausgeben wird.
Mein Herr, auf was kann ich hoffen?
Meine einzige Hoffnung bist du."**
(Psalm 39,5-8 NLB)

Tag 3 Geboren werden und sterben hat seine Zeit

„Alles, was auf der Erde geschieht, hat seine von
Gott bestimmte Zeit: geboren werden und sterben,
... weinen und lachen, wehklagen und tanzen, ...
sich umarmen und sich aus der Umarmung lösen, ...
schweigen und reden ... Alles hat er (scil. Gott) schön
gemacht zu seiner Zeit, auch hat er die Ewigkeit in
ihr Herz gelegt, nur dass der Mensch das Werk
nicht ergründet, das Gott getan hat, vom Anfang bis
zum Ende."
(Kohelet [Prediger Salomo] 3,1-2.4-5.7.11 EÜ)

Alles, wirklich ausnahmslos alles, was auf Erden
geschieht, erstreckt sich über einen gewissen Zeitraum,
der von Gott so festgelegt worden ist. Unsere Zeit liegt
in Gottes Händen. Gott hat den „Stundenplan" der Welt
wie auch unseres Lebens in weiser Planung und
Vorausschau festgelegt.

Ist dies nun ein Grund zur Sorge oder vielmehr zur
Ruhe und Gelassenheit? Wenn das stimmt, dann bin ich
ja total von Gott abhängig, dann sind meine
Möglichkeit der Selbstbestimmung begrenzt, dann kann
ich ja nur innerhalb seiner Grenzen agieren.
Diese Botschaft hören wir Menschen im Zeitalter der
Autonomie nicht gern, dennoch ist sie wahr. Wäre Gott
ein Mensch, dann wären wir arm dran, dann wären wir
seiner Willkür ausgesetzt, dann wäre Furcht mehr als
angebracht. Wir wissen doch alle, wozu Menschen
fähig sind, wenn sie über andere Macht bekommen.
Doch Gott ist ganz anders. Von ihm bezeugt die Bibel,

Gottes Wort, dass er die Liebe selbst ist (1. Johannes 4,7-8), dass er seine Macht niemals missbraucht, dass er für uns ist, dass er es gut mit uns meint.

Deshalb kann der Liederdichter Peter Strauch auch formulieren: „...nun kann ich ruhig sein, ruhig sein in dir...".[xiii]

Alles, was auf Erden geschieht, hat seine von Gott bestimmte Zeit. Nichts, was auf dieser Erde passiert, dauert ewig.
Zu wissen, dass mein gegenwärtiges Leiden, meine Last, mein Kummer und Schmerz, meine „Wanderung durch das finstere Tal" (vgl. Psalm 23) nicht ewig dauern wird, ist tröstlich.
Der Gedanke hingegen, dass auch all die schönen Momente in meinem Leben, wie die wunderbare Gemeinschaft mit meinem Partner, die gemeinsame Zeit mit den Kindern oder die Erfüllung im Berufsleben ihr Ende finden werden, ist schmerzlich.

Der Abschied gehört zu unserem Menschsein wesenhaft dazu. Wir leben „abschiedlich". Und jeder Abschied hat auch Trauer und Traurigkeit zur Folge. Es ist gut, dies zu wissen, sich darauf einzustellen und darauf vorbereitet zu sein, was nicht bedeutet, ständig mit einer Trauermine herumzulaufen und das Leben nicht zu genießen.

Gebet:

Himmlischer Vater, ich danke dir für die Lebenszeit, die du mir geschenkt hast. Danke, dass mein Leben und meine Zeit in deinen Händen ruhen und, dass du sie in Weisheit festgelegt hast. Danke, dass mich dieser Gedanke nicht zu ängstigen braucht, weil du ein Gott bist, der mich liebt, der es gut mit mir meint, der für mich ist und dem ich vertrauen kann. Lehre mich, dass meine Lebenszeit begrenzt ist, damit ich mit der mir geschenkten Zeit weise umgehe, sie sinnvoll nutze und in deinem Sinne gestalte! Amen.

**„Fürchte den Tod nicht! Denke an die,
die vor dir gewesen sind
und nach dir kommen werden.
So ist es vom Herrn verordnet
über alle Menschen."**

(Sirach 41,5 LÜ)

**Meine Zeit steht in deinen Händen.
Nun kann ich ruhig sein, ruhig sein in dir.
Du gibst Geborgenheit, du kannst alles
wenden.
Gib mir ein festes Herz, mach es fest in dir.**

**Sorgen quälen und werden mir zu groß.
Mutlos frag ich: Was wird morgen sein?
Doch du liebst mich, du lässt mich nicht los.
Vater, du wirst bei mir sein.**

**Es gibt Tage, die bleiben ohne Sinn.
Hilflos seh ich wie die Zeit verrinnt.
Stunden, Tage, Jahre gehen hin,
und ich frag, wo sie geblieben sind.**

**Meine Zeit steht in deinen Händen.
Nun kann ich ruhig sein, ruhig sein in dir.
Du gibst Geborgenheit, du kannst alles
wenden.
Gib mir ein festes Herz, mach es fest in dir.**[xiv]

(Peter Strauch)

2) Der Trauer Raum geben

„Die Trauer ist keine Krankheit, sondern eine angemessene Reaktion auf einen erlittenen Verlust. (…) Sie ist notwendig und lebenserhaltend. Verlieren wir den Partner durch Tod, lösen wir uns in der Trauer schrittweise von all den gemeinsamen Dingen, die wir mit dem Toten in der Vergangenheit teilten, und finden dann zu einer neuen Lebensperspektive, neuen Rollen und Aufgaben zurück bzw. wählen neue Aufgaben."[xv]

„Wasser, das nicht in Bewegung kommt, ein See, der keinen Abfluss hat, in dem das Wasser steht, wird modrig, man sagt „kippt" und alles Leben in ihm stirbt. Genauso ist es mit den Tränen, die in den Trauernden sind. Fließen die Tränen nicht, dann stirbt alles Leben in den Trauernden. Der Schmerz muss ausgedrückt werden, die Tränen müssen fließen."[xvi]

Menschen, die einen geliebten Menschen verloren haben, wollen diesen Verlust zunächst, am Beginn ihrer

Trauer, nicht wahrhaben. Sie verschließen sich, sie kehren sich nach innen, igeln sich ein, schließen sich von der Außenwelt ab.
Sie gleichen damit einer *Wüstenrose*. Auch sie ist in sich gerollt und erscheint wie tot.

Wenn man hingegen Wasser über sie gießt, dann geschieht ein „Wunder". Die scheinbar völlig verdorrte, erstarrte Pflanze, in der kein Leben mehr zu sein scheint, beginnt sich langsam wie eine Rose zu öffnen und strahlt schließlich in ihrem Inneren wieder intensiv grün. Das Leben ist in sie zurückgekehrt.

Genau das bewirken die Tränen während der Trauer. Drückt der Trauernde seinen Schmerz aus, weint er, spricht er oder schreit er seine Trauer hinaus, dann kehrt die Lebensenergie wieder in ihn zurück und er öffnet sich dem Leben um ihm herum von neuem. Das Bild der Wüstenrose unterstreicht somit die Bedeutsamkeit des Trauerns.

Der christliche Glaube kann sich sowohl hilfreich als auch hemmend auf den Trauerprozess auswirken. Viele Pastoren und Pfarrer versuchen die Trauernden durch eine Art Tröstungsprogramm zu beruhigen, das nur von der Auferstehung der Toten und der daraus folgenden Unnötigkeit zu trauern spricht, nach dem Motto: „Du brauchst nicht traurig zu sein. Er bzw. sie ist nun bei Gott und hat es dort sehr gut."[xvii]

Wir leben aber noch auf dieser Erde im Hier und Jetzt. Wenn uns jemand verlässt, den wir geliebt haben, dann tut dies furchtbar weh. Gott hat uns als fühlende Wesen geschaffen. Wir wurden von ihm mit der Fähigkeit ausgestattet, Schmerz und Trauer zu empfinden. Zu weinen und zu klagen über einen Verlust, ist deshalb völlig natürlich, ja sogar lebensnotwendig. Dies hilft uns, den Verlust zu verarbeiten, loszulassen und irgendwann wieder frei für Neues zu werden. Versagen wir uns diesem Trauerprozess, dann werden wir schließlich krank.

Tag 4 Die Wüstenrose

Ein Mann war mit einer Gruppe unterwegs in der
Wüste. Plötzlich brach ein Sandsturm los, so stark, dass
keiner mehr den anderen erkennen konnte. Jeder war
auf sich gestellt.
Als der Sturm nachließ, stellte der Mann fest, dass er
seine Gruppe verloren hatte. Er war allein. Nichts kam
ihm mehr vertraut vor. Der Sturm hatte alle Spuren
verweht. Nur die Sonne war an ihrem alten Platz und
half ihm, die Richtung zu bestimmen. Schon nach
kurzer Zeit quälte ihn der Durst. Mit aller Kraft
versuchte er, vorwärts zu kommen. Doch je länger er
unterwegs war, um so mutloser wurde er. Sand - nichts
anderes umgab ihn. Erbarmungslos brannte die Sonne
auf alles Leben, das sich regte.
Allmählich spürte der Mann, dass ihn seine Kräfte
verließen. Wenn ich nicht bald etwas zu trinken finde,
muss ich sterben, dachte er und schleppte sich weiter.
Bis zum Abend fand er kein Wasser und keinen
Menschen und war kurz davor, aus Verzweiflung
aufzugeben. Erschöpft sank er nieder.
Da spürte er neben sich eine Pflanze. Vorsichtig tastete
er sie ab. Sie war ganz vertrocknet und hart. Hässlich
grau ragte sie aus dem sandigen Boden.

Voller Abscheu sah sich der Mann das einzige
Lebewesen neben sich an. So wird es mir auch bald
ergehen, dachte er. Verdorren wird alles Leben in mir.
Die Pflanze zeigt mir mein Schicksal.
Noch einmal wollte er sich aufraffen, doch er konnte
keinen Schritt mehr gehen. Er schlief ein. Wirre Träume
quälten ihn. Gegen morgen wachte er fröstelnd auf. Die
Nacht war kalt und sternenklar gewesen. Ihn fror. Wie

mag es meiner Nachbarin, der Pflanze, gehen, dachte er und tastete nach ihr. Doch was war das? Sie fühlte sich ganz anders an als vorher. Erstaunt betrachtete sie der erschöpfte Mann. Die Pflanze hatte sich verändert: Sie war grün geworden und hatte ihre Ästchen und Zweige wie eine Rose entfaltet.

Der Tau der Nacht hatte dies bewirkt. Nur ein wenig Feuchtigkeit hatte so viel Leben entstehen lassen. "Gestern warst du für mich die Ankündigung des Todes", rief der Mann. "Willst du mir heute Mut machen zum Leben?".

Vorsichtig grub er die Pflanze aus. "Du kommst mit. Immer will ich dich spüren und sehen können. Wenn ich mutlos werde, sollst du mir Hoffnung geben."

Der Verdurstende schleppte sich weiter vorwärts. Oft war er völlig mutlos, doch er gab nicht auf. Immer wieder sah er seine Pflanze an und richtete sich wieder auf.
Schließlich fand ihn eine Karawane. Menschen gaben ihm zu trinken und pflegten ihn. "Ohne Pflanze hätte ich aufgegeben", stammelte er mit dürren Lippen. „Nur wer *Hoffnung* hat, kann kämpfen. Sie gab mir immer wieder neu Hoffnung." Die Beduinen lächelten. Sie kannten die "Auferstehungsrose" und ahnten, was er sagte, obwohl sie seine Sprache nicht verstanden.

Solange der Mensch nur einen Funken Hoffnung auf Leben entfachen kann, ist er bereit zu kämpfen und hat die Kraft, größere Durststrecken zu ertragen.

(Autor und Quelle unbekannt)

Gebet:

Guter Gott, viele Menschen haben die Erfahrung gemacht, dass du ihnen in Zeiten ihrer größten Not ein Zeichen der Hoffnung geschickt hast, einen Engel, einen menschlichen Boten, einen Regenbogen am Himmel, einen kleinen Spatzen auf dem Fenstersims eines Krankenhauses oder eine Rose von Jericho inmitten der Wüste. Diese Symbole der Hoffnung haben unzähligen Menschen Mut gemacht, weiter zu machen, zu kämpfen und längere Durststrecken durchzustehen. Herr, ich brauche auch solch ein Mut machendes Zeichen der Hoffnung, denn meine Kraft ist am Ende und ich bin kurz davor aufzugeben. Danke, dass du mich siehst in meiner Not und mir helfen wirst. Amen.

**Lasst die Trauer in euer Herz
und lasst Sie dort weilen - für eine Zeit!
Und genau die Zeit wird wieder Heil und Freud
in euer Leben bringen.**
(Drazan Kajba)

Tag 5 Die Tränen fließen lassen

„Über einen Toten weine, denn das Lebenslicht
erlosch ihm." (Sirach 22,11 EÜ)
„Mein Sohn, um den Toten lass Tränen fließen,
trauere und stimm das Klagelied an! Bestatte seinen
Leib, wie es ihm zusteht, verbirg dich nicht bei
seinem Hinscheiden!" (Sirach 38,16 EÜ)
„Klage laut über seinen Tod und vergieße heiße
Tränen." (Sirach 38,17 GNB)

Das jüdische Weisheitsbuch Jesus Sirach hat einiges
zum Thema „Tod und Trauer" zu sagen.

In unserer heutigen Gesellschaft wird das Thema „Tod"
aus dem Leben verdrängt, ja tabuisiert. Wir leben in
einer „Trauervermeidungskultur". Trauer wird von der
Gesellschaft als eine Krankheit angesehen, mit der in
erster Linie der Arzt zu tun hat, der einem
Beruhigungsmittel verschreibt.
Oft bekommen trauernde Menschen nach dem Verlust
ihres geliebten Angehörigen zu hören: „Weine doch
nicht!" „Zeige deine Gefühle nicht!" „Sprich nicht
darüber!" „Das Leben geht doch weiter." Aber das
Leben geht für die, die zurückbleiben, nicht einfach
weiter. Man kann nicht einfach zur Tagesordnung
übergeben, als sei nichts gewesen.
Wenn nun jemand nach Wochen und Monaten immer
noch traurig ist, dann meinen die Menschen um einen
herum, es stimme etwas nicht mit einem.

Die jüdischen Weisheitslehrer wussten, dass es wichtig,
ja lebenswichtig ist, dass man einen Verlust ausgiebig

29

und intensiv beweint („heiße Tränen"), dass man sich dafür so viel Zeit nimmt, wie es eben braucht. Das kann je nach Person des Trauernden, der Beziehung zum Verstorbenen, der Art des Todes sowie des Alters des Toten unterschiedlich lang dauern. Die allgemeine Meinung, man müsse nach relativ kurzer Zeit mit der Trauer „fertig" sein, verkennt die Realität.

Die Weisen empfehlen weiter, seiner Klage lautstark Ausdruck zu verleihen, sie regelrecht „herauszuschreien", seinen Gefühlen freien Lauf zu lassen. „Sich zu benehmen" und „Haltung zu bewahren" hingegen ist nicht hilfreich, vielmehr kontraproduktiv.
Wer einen lieben Menschen verloren hat, der befindet sich in einer handfesten Krise, in einer Ausnahmesituation, bei dem Spielen die Gefühle „verrückt". Das ist in der Trauer völlig normal. Die Emotionen wollen und müssen heraus; die Tränen müssen fließen.

Trauer ist wie ein Weg. Der Trauerweg lässt sich am besten mit dem Bild einer *Spirale* beschreiben. Der Trauernde durchläuft die einzelnen Stationen des Weges immer und immer wieder, dreht sich aber nicht im Kreis, ist in ihm nicht gefangen. Jeder erneute Durchgang führt ihn ein Stück weiter. Es geht voran. Am Ende öffnet sich die Spirale und mündet in die Weite, in das neue Leben, in die Zukunft.

Dann kommt die Erinnerung an den Verstorbenen zur Ruhe (Sirach 38,20-23), wie es die jüdischen Weisheitslehrer formuliert haben. Das bedeutet keineswegs, dass die Erinnerung verschwunden ist. Sie wird immer als ein wichtiger Teil in uns bleiben, aber sie befindet sich nicht mehr im Vordergrund und dominiert nicht mehr alles. Der Trauernde wird so wieder frei für ein „neues" Leben. Wenn das gelingt, ist der Trauerweg an sein Ziel gekommen.

Gebet:

Himmlischer Vater, danke, dass du mich als ein fühlendes Wesen geschaffen hast. Gefühle machen unser Leben aus, machen es erst reich, schön und lebenswert. Guter Gott, hilf mir, dass ich den Verlust von ... auch beweinen kann. Schenke mir „heiße Tränen"! Verleih mir die Fähigkeit, meinem Schmerz und meiner Trauer Ausdruck zu verleihen, sie „herauszuschreien"! Wenn ich in der Gefahr stehe, vor Schmerz zu verstummen, dann hilf mir! Leite mich auf meinem Weg der Trauer und führe mich, wenn es an der Zeit ist, wieder zurück ins Leben. Amen.

**Tränen sind Heilsalbe
für die Wunden des Verlustes.**
(Jorgos Canacakis)

**Tränen, die fließen sind bitter,
bitterer aber sind
die Tränen, die nicht fließen.**
(Adolf Pfeiffer) [xviii]

Tag 6 Das Märchen von der traurigen Traurigkeit

Es war eine kleine Frau, die den staubigen Feldweg entlang kam. Sie war wohl schon recht alt, doch ihr Gang war leicht und ihr Lächeln hatte den frischen Glanz eines unbekümmerten Mädchens.

Bei einer zusammengekauerten Gestalt blieb sie stehen und sah hinunter. Sie konnte nicht viel erkennen. Das Wesen, das da im Staub des Weges saß, schien fast körperlos. Es erinnerte an eine graue Flanelldecke mit menschlichen Konturen.

Die kleine Frau bückte sich ein wenig und fragte: "Wer bist du?"
Zwei fast leblose Augen blickten müde auf. "Ich? Ich bin die Traurigkeit", flüsterte die Stimme stockend und so leise, dass sie kaum zu hören war.
"Ach, die Traurigkeit!", rief die kleine Frau erfreut aus, als würde sie eine alte Bekannte begrüßen.
"Du kennst mich?", fragte die Traurigkeit misstrauisch.
"Natürlich kenne ich dich! Immer wieder einmal hast du mich ein Stück des Weges begleitet."
"Ja, aber...", argwöhnte die Traurigkeit, "warum flüchtest du dann nicht vor mir? Hast du denn keine Angst?"
"Warum sollte ich vor dir davonlaufen, meine Liebe? Du weißt doch selbst nur zu gut, dass du jeden Flüchtigen einholst. Aber, was ich dich fragen will: Warum siehst du so mutlos aus?"
"Ich... ich bin traurig", antwortete die graue Gestalt mit brüchiger Stimme.

Die kleine alte Frau setzte sich zu ihr. "Traurig bist du also", sagte sie und nickte verständnisvoll mit dem Kopf. "Erzähl mir doch, was dich so bedrückt." Die Traurigkeit seufzte tief. Sollte ihr diesmal wirklich jemand zuhören wollen? Wie oft hatte sie sich das schon gewünscht.

"Ach, weißt du", begann sie zögernd und äußerst verwundert, "es ist so, dass mich einfach niemand mag. Es ist nun mal meine Bestimmung, unter die Menschen zu gehen und für eine gewisse Zeit bei ihnen zu verweilen. Aber wenn ich zu ihnen komme, schrecken sie zurück. Sie fürchten sich vor mir und meiden mich wie die Pest." Die Traurigkeit schluckte schwer. "Sie haben Sätze erfunden, mit denen sie mich bannen wollen. Sie sagen: Papperlapapp, das Leben ist heiter. Und ihr falsches Lachen führt zu Magenkrämpfen und Atemnot. Sie sagen: Gelobt sei, was hart macht. Und dann bekommen sie Herzschmerzen. Sie sagen: Man muss sich nur zusammenreißen. Und sie spüren das Reißen in den Schultern und im Rücken. Sie sagen: Nur Schwächlinge weinen. Und die aufgestauten Tränen sprengen fast ihre Köpfe. Oder aber sie betäuben sich mit Alkohol und Drogen, damit sie mich nicht fühlen müssen." "Oh ja", bestätigte die alte Frau, "solche Menschen sind mir schon oft begegnet."

Die Traurigkeit sank noch ein wenig mehr in sich zusammen. "Und dabei will ich den Menschen doch nur helfen. Wenn ich ganz nah bei ihnen bin, können sie sich selbst begegnen. Ich helfe ihnen, ein Nest zu bauen, um ihre Wunden zu pflegen. Wer traurig ist, hat eine besonders dünne Haut. Manches Leid bricht wieder auf wie eine schlecht verheilte Wunde, und das tut sehr weh. Aber nur, wer die Trauer zulässt und all

die ungeweinten Tränen weint, kann seine Wunden
wirklich heilen. Doch die Menschen wollen gar nicht,
dass ich ihnen dabei helfe. Statt dessen schminken sie
sich ein grelles Lachen über ihre Narben. Oder sie
legen sich einen dicken Panzer aus Bitterkeit zu."

Die Traurigkeit schwieg. Ihr Weinen war erst schwach,
dann stärker und schließlich ganz verzweifelt.

Die kleine, alte Frau nahm die zusammengesunkene
Gestalt tröstend in ihre Arme. Wie weich und sanft sie
sich anfühlt, dachte sie und streichelte zärtlich das
zitternde Bündel. "Weine nur, Traurigkeit", flüsterte sie
liebevoll. "Ruh dich aus, damit du wieder Kraft
sammeln kannst. Du sollst von nun an nicht mehr
alleine wandern. Ich werde dich begleiten, damit die
Mutlosigkeit nicht noch mehr an Macht gewinnt."

Die Traurigkeit hörte auf zu weinen. Sie richtete sich
auf und betrachtete erstaunt ihre nette Gefährtin:
"Aber... aber – wer bist eigentlich du?"
"Ich", sagte die kleine, alte Frau schmunzelnd, und
dann lächelte sie wieder so unbekümmert wie ein
Mädchen: "Ich bin die Hoffnung."   (Inge Wuthe)

Gebet:

Guter Gott, wir Menschen haben Angst vor schweren, leidvollen Lebenssituationen, in denen wir niedergeschlagen und traurig sind. Wir versuchen, diese Szenen auszublenden und zu verdrängen und die Ohren vor dem zu versperren, was die Traurigkeit uns zu sagen hat. Die Folgen sind eine Reihe psychosomatischer Beschwerden, Bitterkeit oder auch die Flucht in Alkohol und Drogen. Himmlischer Vater, hilf mir, dass ich die Traurigkeit in meinem Leben zulasse und meinen Tränen freien Lauf lassen kann. Gott, du bist meine Hoffnung (Psalm 71,5). Wenn ich dich habe, dann schwindet die Angst vor der Traurigkeit und der Mut wächst, mich meiner Trauer zu stellen. Danke. Amen.

**Trauer ist ein Fluss, in dem man nicht
gegen den Strom schwimmen kann.**

Tag 7 Trauerrituale helfen

„Ganz Israel beweinte ihn und hielt um ihn eine
große Totenklage ab. Sie trauerten viele Tage
lang ..." (1Makkbäer 9,20)
„David aber sagte zu Joab und allen Leuten, die bei
ihm waren: Zerreißt eure Kleider, legt
Trauergewänder an und geht klagend vor Abner
her!" (2Samuel 3,31 EÜ)
„Jedes Haupt ist kahl geschoren und jeder Bart
abgeschnitten, an allen Händen sind Trauermale
und um die Hüften Trauerkleider."
(Jeremia 48,37 EÜ)

Im alten Israel gab es gute und hilfreiche Rituale, die
im Zusammenhang mit dem Verlust eines geliebten
Menschen standen. So ist des öfteren in der Bibel
davon die Rede, dass man nach dem Tode eines
Angehörigen oder Bekannten die Totenklage hielt, groß
und würdig.

Die Israeliten wussten, wie wichtig und heilsam es ist,
sich eine ausgiebige und ausreichende Zeit für die
Trauer zu nehmen. Im jüdischen Makkabäerbuch wird
davon berichtet, dass das ganze Volk der Israeliten viele
Tage lang um den jüdischen Freiheitskämpfer Judas
Makkabaios trauerte und ihn beweinte.

Zusätzlich zur Totenklage gab es noch eine Anzahl
äußerer Zeichen, die den Trauerweg begleiteten und
unterstützten. Als Ausdruck der Trauer schnitt man sich
beispielsweise die Kopfhaare ab, schor den
üblicherweise langen Bart oder streute sich Staub auf

das Haupt.
Trauernde trugen außerdem bestimmte Trauergewänder.

Der griechische Psychologe Jorgos Canacakis, der
unter anderem die Trauerrituale Südgriechenlands, die
Myroloja, untersucht hat, ist davon überzeugt, dass
Rituale den Trauerprozess günstig beeinflussen. Solche,
die für die heutige Zeit und den heutigen Menschen
geeignet sind, geben dem Trauernden eine gewisse
Sicherheit. Sie helfen unter anderem, dem Schmerz der
Trauer Ausdruck zu verleihen, den Trauerweg zu
gliedern bzw. zu ordnen sowie die Beziehung zum
Toten zu klären. Außerdem verstärken sie den
Zusammenhalt der Gemeinschaft.

Leider verfügt unsere Gesellschaft nicht mehr über
einen ausreichenden Schatz an hilfreichen
Trauerritualen.

Es ist wenig fruchtbar, alte Rituale, wie die der
Israeliten, wieder zu reaktivieren und eins zu eins in
unsere heutige Zeit und Gesellschaft zu übertragen. Das
wird nicht funktionieren. Es geht vielmehr darum, neue,
uns angemessene Rituale zu finden oder neu zu
entwickeln.

Dankenswerterweise stehen wir heutzutage nicht mehr
am Anfang dieses Prozesses. Es gibt inzwischen
vielfältige Angebote von Trauerseminaren, in denen
man [neu] lernen kann zu trauern sowie für sich
geeignete Trauerrituale zu entdecken. Des weiteren
existiert ein ausreichender Bestand an guter Literatur
zum Thema. Nähere Informationen finden Sie im
Literaturverzeichnis am Ende dieses Buches.

Gebet:

Himmlischer Vater, danke, dass wir von der Weisheit der Menschen früherer Zeiten und anderer Kulturen lernen dürfen, wie sie mit dem Verlust von geliebten Menschen umgegangen sind. Ich danke dir, dass es einen reichhaltigen Schatz unterschiedlichster Trauerrituale gibt. Von diesem können wir uns inspirieren lassen, für uns heute neue und uns angemessene Formen des Umgangs mit Trauer zu entdecken und zu entwickeln. Danke guter Gott, dass inzwischen eine Reihe ganz verschiedener Angebote für Trauernde existiert, wie Trauerseminare, die Möglichkeit individueller Trauerbegleitung sowie hilfreiche Literatur. Danke, dass du uns in unserer Trauer nicht allein lässt. Du tröstest uns höchstpersönlich mit mütterlichem Trost. Du sorgst aber auch für Hilfe durch andere Menschen. Amen.

**Rituale füllen unsere Leere und
Sprachlosigkeit
mit etwas Wertvollem,
das uns in Zeiten des Abschieds,
des Umbruchs und des Neubeginns Halt gibt.**

**"Rituale befreien nicht von der Trauer, sondern
sie befreien die Trauer."** (Gerhard Weiher)

„Wir unterschätzen gelegentlich die Rituale, die wir alle in unserem Leben brauchen. Sie begleiten uns und helfen, Übergänge zu schaffen und uns neuen Situationen anzunähern. Trauerrituale ermöglichen die Kontrolle von Emotionen und schaffen Raum, Gefühle auszuleben, ohne dass der Trauernde befürchten muss, diesen Gefühlen völlig ausgeliefert zu sein. Sie erleichtern, die auftretenden Gefühle wahrzunehmen, sie anzunehmen, ihnen Gestalt zu geben und sie gesellschaftlich akzeptiert auszudrücken. Ebenso bewirken Trauerrituale eine Reduzierung von Angst: Sie helfen den Hinterbliebenen, sich ihrer bisher gesellschaftlich definierten Position, die nun nicht mehr existiert, bewusst zu werden und sind ein Schritt hin auf eine neue, bisher im eigenen Erleben noch nicht vollzogene Orientierung."[xix]

Tag 8 Rituale - dem Chaos der Trauer eine Struktur geben

„Man setzte ihn (scil. König Asas) bei in seiner Grabstätte, die er sich in der Davidstadt angelegt hatte. Man legte ihn auf ein Lager, das mit Balsam und allerlei kunstvoll zubereiteten Salben ausgestattet war, und zündete zu seiner Ehre ein gewaltiges Feuer an."
(2Chronik 16,14 EÜ; Jeremia 34,5)

Rituale „können helfen, übermäßige Komplexität zu reduzieren; sie geben Halt, Struktur und Orientierung."[xx] Damit sind sie für Menschen, die trauern, überaus bedeutsam. Schwellensituationen, wie die Trauer um den Tod eines lieben Menschen, verlangen nach Struktur. Symbolische Handlungen und Rituale helfen dabei, wieder in „Balance zu kommen, sich im Neuen einzurichten und zu stabilisieren … vorausgesetzt, sie werden freiwillig durchgeführt."[xxi] Religionen, wie z. B. das Christentum stellen Rituale bereit, auf die der bzw. die Trauernde zurückgreifen kann. Bestandteile einer Totenfeier waren beispielsweise das Zerreißen der Kleidung sowie das Anlegen eines Trauergewandes, die Rezitation der Totenklage durch die Angehörigen, das Hinzuziehen von Klagefrauen oder wie im Falle König Asas das Anzünden eines Totenfeuers. Zu den Trauerritualen gehörten außerdem das Fasten, das Scheren der Haare oder das Haareraufen, das Streuen von Asche und Staub auf das Haupt und die Aufgabe der Nachbarn und Freunde, die Trauernden zu trösten durch Reichung von Trauerbrot und Trostbecher.[xxii]

Angesichts solch eines reichen Fundus an Trauerritualen stellt sich die Frage, wie „moderne" Rituale und symbolische Handlungen heutzutage aussehen bzw. beschaffen sein könnten?

<u>Folgende moderne Trauerrituale haben sich bewährt:</u>

- Sie könnten Luftballons „in den Himmel" steigen lassen, beladen mit Briefen, Bildern und guten Wünschen, dorthin, wohin der Verstorbene vorausgegangen ist. Alternativ könnten Sie auch Papierschiffchen auf einem Fluss schwimmen lassen. Das kann Ihnen helfen, Ihren Gefühlen Ausdruck zu verleihen.
- Sie könnten auch verschiedene Dinge aufzählen bzw. benennen, für die Sie der oder dem Verstorbenen dankbar sind und für jedes einzelne ein Teelicht anzünden oder eine Blume in eine Vase stellen als Zeichen des Dankes und der Wertschätzung.
- Neben dem Gang zum Friedhof und der Gestaltung des Grabes könnten Sie einen Brief an den Verstorbenen schreiben oder sich mit ihm laut unterhalten.
- Sie könnten auch all das, was Sie belastet, loslassen, indem Sie beispielsweise für jede einzelne Sache einen Stein an einem bestimmten Ort ablegen.
- Hilfreich ist es auch, ein Erinnerungsalbum anzulegen mit Fotos, die Ihnen wichtig sind oder eine Erinnerungsbox anzufertigen mit Erinnerungsstücken, wie z. B. Briefen, Zeitungsausschnitten, einer Haarlocke ihres

43

geliebten Verstorbenen oder ähnlichem.

- Alternativ dazu könnten Sie auch eine Gedenkecke im eigenen Heim einrichten,
- einen „Baum der Erinnerung" pflanzen
- oder den Jahrestag des Todes, den Hochzeitstag oder andere bedeutsame Tage feierlich begehen.
- All jene Dinge, von denen Sie sich verabschieden möchten, könnten Sie beispielsweise auf einem Blatt Papier notieren und dieses anschließend dem Feuer übergeben.
- Eine weitere Möglichkeit der Trauerverarbeitung ist die Anlage und das Führen eines Trauertagebuches.

Gebet:

Danke guter Gott, dass du uns Menschen geschaffen hast als Wesen mit einer „Seele" und damit der Fähigkeit, die Sprache der Bilder, der Musik, der Poesie, der Symbole und Rituale zu verstehen. Zu allen Zeiten haben Geschichten, Gedichte und Lieder, wie die biblischen Psalmen, Menschen in der Tiefe ihre Persönlichkeit berührt, etwas in ihnen angestoßen, zum Klingen gebracht und sie auf ihrem Lebensweg hilfreich begleitet. Danke himmlischer Vater für all jene Rituale, die Menschen auf ihrem Trauerweg Halt, Struktur und Orientierung gegeben haben und weiterhin geben. Herr, zeige mir, was mir in meiner Trauer helfen und mich voranbringen kann. Amen.

Tag 9 Trauern bedeutet sich zu erinnern

„So bestatteten sie Abner in Hebron. Der König (scil David) weinte laut an seinem Grab, und alle weinten mit ihm. Dann sang er für Abner ein Klagelied: 'Abner, musstest du denn wie ein Nichtsnutz sterben? Deine Hände waren nicht gefesselt, deine Füße lagen nicht in Eisen! Warum fandest du ein solches Ende, Abner, wie von Mörderhand erschlagen?' " (2Samuel 3,32f GNB)

Nachdem der Heerführer Abner durch Joab, einen Neffen des Königs, getötet worden war, wurde er in Hebron beigesetzt. David war von dem Tod Abners sichtlich berührt und erschüttert. Ihm war egal, was die Leute von ihm dachten, er ließ vielmehr seinen Tränen freien Lauf und weinte lauthals am Grab Abners. Dann sang er für ihn ein Klagelied. In diesem Lied erinnert er sich an das Leben Abners und vor allem die Umstände, die zu seinem Tode geführt haben.

Wesentlich für den Trauerweg ist die Erinnerung an den Verstorbenen. Durch sie wird der Trauerprozess gefördert und aufrecht erhalten. David beispielsweise sang ein Klagelied, in dem er sich die Umstände des Todes von Abner vergegenwärtigte.

Was hilft, sich an den Verstorbenen zu erinnern? Man könnte sich beispielsweise Bilder oder Filme anschauen, auf denen der Tote zu sehen ist oder Orte aufzusuchen, mit denen sich gemeinsame Erinnerungen verbinden. Möglich ist es auch, die gemeinsame „Geschichte" immer und immer wieder zu erzählen.

Eine weitere Möglichkeit besteht darin, ganz bewusst Dinge zu berühren, die dem Toten gehörten oder an seiner Kleidung zu riechen. Auch das Einrichten einer kleinen Gedenkstätte in der eigenen Wohnung mit Fotos, wichtigen Gegenständen und ähnlichem kann die Erinnerung an den Toten wachhalten.[xxiii]

<u>Gebet</u>:

Himmlischer Vater, der Verlust meines lieben Angehörigen schmerzt. Es tut so weh, mich an ihn / sie zu erinnern, zum Grab zu gehen, Bilder und Filme anzuschauen, auf denen er / sie zu sehen ist, oder Gegenstände von ihm / ihr zu berühren. Ich suche Orte auf, an denen wir gemeinsam waren, doch es fühlt sich so anders an, so leer, so unwirklich, weil er / sie nicht mehr da ist. Immer wieder kommen Bilder und Szenen in mir hoch. Herr, schenke mir die Kraft, diesen schweren Weg zu gehen. Stärke und tröste mich und halte mich ganz fest in deinen liebenden Armen. Danke, dass du da bist, auch dann wenn ich dich nicht spüre. Amen.

Die Erinnerung ist ein Fenster, durch das ich Dich sehen kann, wann immer ich will.

„Schenk jedem Lebenden deine Gaben und auch dem Toten versag deine Liebe nicht!"
(Sirach 7,33 EÜ)

Die Brücke der Trauer

Lange stand ich vor der schmalen Holzbrücke,
die sich mit ihrem sanften Bogen spiegelte.
Es war eine Brücke zum Hin- und Hergehen,
hinüber und herüber. Einfach so,
des Gehens wegen und der Spiegelungen.

Die Trauer ist ein Gang hinüber und herüber.
Hinüber, dorthin, wo man mit ihm war.
Alle die Jahre des gemeinsamen Lebens.

Und dieses Hin- und Hergehen ist wichtig.
Denn da ist etwas abgerissen.
Die Erinnerung fügt es zusammen, immer wieder.
Da ist etwas verloren gegangen.
Die Erinnerung sucht es auf und findet es.
Da ist etwas von einem selbst weggegangen.
Man braucht es. Man geht ihm nach.
Man muss es wiedergewinnen, wenn man leben will.

Man muss das Land der Vergangenheit erwandern,
hin und her, bis der Gang über die Brücke
auf einen neuen Weg führt.

(Jörg Zink)

**Jenen, die zurückbleiben
öffnet sich ein großer leerer Raum,
welchen man nach und nach
mit Erinnerungen füllt.**
(Maria & Christian Kiebart)

3) In der Trauer nicht allein

**Ein Freund steht allezeit zu dir, auch in
Notzeiten hilft er dir wie ein Bruder."**
(Sprüche 17,17 GNB)

Tag 10 Den anderen in der Trauer begleiten

„Wende dich von den Trauernden nicht ab, sondern weine mit ihnen!" (Sirach 7,34 GNB)
„Sind andere Menschen glücklich, dann freut euch mit ihnen. Sind sie traurig, dann begleitet sie in ihrem Kummer." (Römer 12,15 NLB)

Wie oft machen Trauernde die Erfahrung, dass man sich von ihnen abwendet als hätten sie eine ansteckende Krankheit. Gerade dann, wenn sie die Nähe von Freunden ganz besonders bräuchten, sind diese nicht da. Die Trauernden sind allein, allein gelassen, isoliert.

Die meisten Menschen wissen nicht mehr, wie man mit Trauernden umgeht. Sie haben es nie gelernt. Wir leben in einer Gesellschaft, in der das Thema „Tod und Trauer" tabuisiert wird. Aus diesem Grunde sind Menschen verlegen und unsicher, wenn sie mit trauernden Personen konfrontiert werden. Sie wissen nicht, wie sie sich dem betreffenden Menschen gegenüber verhalten sollen. So ist es auch mir einmal vor vielen Jahren ergangen. Aus Angst, etwas falsch zu machen und nicht die richtigen Worte zu finden, habe ich geschwiegen und eine Freundin, die den Verlust ihres Mannes zu beklagen hatte, im Stich gelassen. Das tut mir heute noch sehr leid.

In Momenten tiefer Trauer ist es gut und wohltuend, einen Menschen bei sich zu haben, der einfach nur da ist, der einem zuhört oder einen einmal in den Arm nimmt. Wir brauchen Menschen, die uns in unserer Trauer begleiten, die uns das Gefühl geben, nicht allein zu sein. Aus diesem Grunde fordert der jüdische Weisheitslehrer Jesus, nicht Jesus Christus, sondern der Verfasser des Buches „Jesus Sirach", seine Leser auf, sich von trauernden Menschen nicht abzuwenden, sondern ihnen vielmehr zur Seite zu stehen, sie zu begleiten und mit ihnen gemeinsam zu weinen.

Wenn ich über dieses Thema nachdenke, dann kommen mir die Freunde Hiobs in den Sinn. Nachdem Hiob nahezu alles verloren hatte, was ihm lieb und teuer war und schließlich auch noch selbst am eigenen Leibe schwer erkrankt war, machten sich seine Freunde auf den Weg, um ihm ihre Anteilnahme zu zeigen und ihn zu trösten.

Als sie ihn erblickten, waren sie sichtlich betroffen über das unaussprechliche Leid, welches ihr Freund Hiob zu tragen hatte, und zerrissen aus Bestürzung ihre Kleider. Dieses Verhalten war ein damals übliches Ausdrucksmittel, um starke Gefühle zu zeigen. Dann setzten sie sich zu ihm auf den Boden und schwiegen. *„Sieben Tage und sieben Nächte blieben sie so sitzen, ohne ein Wort zu sagen; denn sie sahen, wie furchtbar Hiob litt."* Hiobs Freunde wandten sich nicht entsetzt, verunsichert oder irritiert von ihm ab, ließen ihn in seiner Trauer nicht allein, wie dies viele Menschen heutzutage tun, sondern waren mitten in seiner Not für ihn da (vgl. Hiob 2,11-13). Dies gilt es anzuerkennen und wertzuschätzen, unabhängig davon, wie sie sich im weiteren Verlauf der Geschichte verhielten.

Wohl den Menschen, die Freunde haben, die ihnen in Zeiten von Not und Traurigkeit zur Seite stehen. Gerade in solchen Zeiten brauchen wir die Nähe und Begleitung durch andere Menschen. Inzwischen gibt es dankenswerterweise Angebote für Trauernde, die keinen Freund bzw. keine Freundin an ihrer Seite haben. Professionelle Trauerbegleiter können gerade dann helfend zur Seite zu stehen, wenn aus irgendeinem Grunde es jemandem nicht möglich ist, Trauer und Traurigkeit in seinem Leben zuzulassen und über den erlittenen Verlust zu weinen.

Gebet:

Himmlischer Vater, danke, dass es Menschen gibt, die sich Trauernden zuwenden, ihnen zur Seite stehen und mit ihnen weinen. Guter Gott, lass mich aufmerksam sein, dass ich nicht so sehr mit mir selbst beschäftigt bin, dass ich die Not anderer Menschen übersehe. Herr, schenke du mir den Mut und die Bereitschaft, Menschen beizustehen, die niedergeschlagen und traurig sind. Vater im Himmel, danke, dass es heutzutage eine Fülle von Angeboten professioneller Trauerbegleitung gibt, die Menschen helfen, ihrer Trauer Raum zu geben und Tränen fließen zu lassen. Danke Gott für die Gabe der Tränen. Amen.

Tag 11 Wohl dem der Freunde hat in Zeiten der Trauer

„Hiob hatte drei Freunde: Elifas aus Teman, Bildad aus Schuach und Zofar aus Naama. Als sie erfuhren, welches Unglück über ihn hereingebrochen war, beschlossen sie gemeinsam, ihn zu besuchen. Sie brachen aus ihren Heimatorten auf, um Hiob ihre Anteilnahme zu zeigen und ihn zu trösten. Doch als sie Hiob von weitem sahen und ihn nicht wiedererkannten, brachen sie in Tränen aus. Laut klagend zerrissen sie ihre Kleider und warfen sich Staub über den Kopf. Dann saßen sie sieben Tage und Nächte lang bei Hiob auf dem Boden. Keiner sagte ein Wort zu ihm, denn sie sahen, dass sein Leid zu groß war für Worte." (Hiob 2,11-13 NLB)

Wie wohltuend ist es, wenn man in seiner Trauer nicht allein ist, sondern jemanden hat, der einem zur Seite steht, einem nahe ist und zuhört oder einen einmal liebevoll in den Arm nimmt. Wer einen solchen Freund bzw. eine solche Freundin sein Eigen nennen darf, der ist glücklich zu preisen, der hat einen Schatz gefunden. Wohl dem, der Freunde an seiner Seite hat, wenn er den Verlust eines geliebten Menschen zu beklagen hat. Wie unschätzbar wertvoll ein guter Freund ist, wusste bereits der jüdische Weisheitslehrer Jesus Sirach: *„Ein treuer Freund ist wie ein festes Zelt; wer einen solchen findet, hat einen Schatz gefunden. Für einen treuen Freund gibt es keinen Preis, nichts wiegt seinen Wert auf. Das Leben ist geborgen bei einem treuen Freund, ihn findet, wer Gott fürchtet."* (Sirach 6,14-16 EÜ)

Viele Menschen sind heutzutage unsicher und hilflos, „wenn sie jemandem helfen sollen, der einen Verlust erlitten hat. Entweder meiden sie ihn und versuchen, das Ereignis nach Möglichkeit gar nicht zu erwähnen, oder sie machen ihn zu einem unmündigen, hilflosen Kind, indem sie ihn mit guten Ratschlägen überhäufen." Grund dafür ist, dass „unser Verhältnis zu Tod, Sterben und Trauer gestört ist...".[xxiv] Auch ich habe mich vor über 20 Jahren einmal ähnlich verhalten. Als einer unserer Freunde verstarb, der zwischenzeitlich an einen anderen Ort verzogen war, war ich so unsicher, hilflos und ängstlich, etwas Falsches sagen oder schreiben zu können, dass ich schlussendlich gar nicht reagierte und seine Witwe in ihrer Trauer allein ließ, was mir heute von Herzen leid tut.

Im Grunde genommen geht es vor allem darum, dem anderen das Gefühl zu geben, für ihn da zu sein, ihn zu verstehen und die Situation mit ihm auszuhalten.

Das Verhalten der Freunde Hiobs beeindruckt mich tief. Sie ließen sich von dem Unglück Hiobs in ihrem Herzen berühren. Vielleicht waren sie ebenso unsicher und hilflos wie ich und wussten nicht, wie sie auf dieses schreckliche, geballte Unheil, welches über Hiob hereingebrochen war, reagieren sollten. Dennoch nahmen sie ihren ganzen Mut zusammen und machten sich auf den Weg. Sie wollten für ihren Freund Hiob da sein. Als sie bei ihm ankamen, waren sie sichtlich erschüttert von der unbeschreiblich großen Not ihres Freundes. Sie setzen sich neben ihn auf den Boden und schwiegen. Das Leid war zu groß für Worte. Jede noch so gut gemeinte Äußerung wäre hier fehl am Platze gewesen. Ob sie in der Lage sind, etwas „Kluges",

Hilfreiches, Tröstendes, Mut machendes von sich geben, ist in diesem Moment gar nicht so wichtig. Was zählt ist, dass sie einfach da sind und Hiob das Gefühl geben: Du bist nicht allein in deiner Not. Wir sind hier bei dir. Wir halten zu dir. Das zeichnet die Freunde Hiobs aus.

Auch eine liebevolle Berührung, eine feste Umarmung oder ein freundlicher Blick tun gut. Abgesehen davon können Freunde auch ganz praktisch zur Hand gehen und den Trauernden entlasten, indem sie beispielsweise Formalitäten erledigen oder in vielen kleinen praktischen Dingen unterstützend zur Seite stehen.[xxv]

Gebet:

Danke guter Gott für all jene Menschen, die mir in meiner Trauer hilfreich zur Seite stehen. Danke für meine Familie, die für mich da ist, wenn ich sie brauche. Danke für gute Freunde, die mich besuchen, mit mir schweigen und weinen, die mir die Hand halten oder mich einmal in den Arm nehmen. Danke himmlischer Vater für all die helfenden Hände, die mir viele Dinge, die es zu erledigen gilt, abnehmen. Danke, dass du sie mir als deine Boten geschickt hast. Das tut so gut. Amen.

Derjenige, der den Trauerweg durchschritten hat und auf die Zeit der Trauer zurückblickt, kann das Gebet in der Vergangenheitsform beten.

Es gibt kein größeres Verbrechen
als Weggehen.
Worauf kann man sich bei seinen Freunden
verlassen?
Nicht auf ihr Tun.
Man kann nicht wissen, was sie tun werden.
Nicht auf ihre Art.
Sie kann sich verändern.
Nur auf eines,
dass sie nicht weggehen.
(Berthold Brecht)

Tag 12 Gott sein Herz ausschütten

„Steh immer wieder auf in der Nacht und bring
deine Klage vor den Herrn! Geh und suche seine
Nähe, schütte dein ganzes Herz bei ihm aus!"
(Klagelieder 2,19 GNB)
„Ihr, die ihr zu seinem Volk gehört, setzt allezeit
euer Vertrauen auf ihn, schüttet euer Herz bei ihm
aus; denn Gott ist unsere Zuflucht!"
(Psalm 62,9 GNB)
„Ich schreie zum Herrn, so laut ich kann, ich bitte
den Herrn um Hilfe. Ihm klage ich meine Not, ihm
sage ich, was mich quält." (Psalm 142,2-3 GNB)

Der Prophet Jeremia ermutigt seine Leser, wenn sie vor
Kummer, Leid und Trauer immer wieder mitten in der
Nacht wach werden, Gottes Nähe im Gebet zu suchen,
ihm ihr ganzes Herz auszuschütten und ihm zu sagen,
was sie quält.

Es tut gut, mit seinem Schmerz und seiner Trauer nicht
allein zu sein, sondern sie mit jemand anderem teilen zu
dürfen, sie in Worte zu kleiden, sie herauszuschreien.

Wenn du vielleicht wieder einmal nachts allein in
deinem Bett liegst (oder auch am Tage) und weinst,
dann darfst du wissen: Gott ist bei dir. Er ist dir ganz
nahe, auch wenn du dies nicht immer spüren solltest.
Und er lädt dich ein: „Komm zu mir! Vertrau dich mir
an! Sag mir, was dich bedrückt, was dein Herz quält!
Ich höre dir zu. Ich liebe dich. Ich bin für dich da. Ich
will dich trösten und deinen Schmerz heilen."

Wer in seiner Not zu Gott kommt, erfährt, dass sein Herz bei ihm zur Ruhe kommt. Bei Gott findet er Geborgenheit, auch wenn um ihn herum die Stürme des Lebens toben. Wie eine Vogelmama breitet Gott, bildlich gesprochen, seine Flügel über dich und schenkt dir unter ihnen Schutz, Wärme, Ruhe und Geborgenheit.

„Vertrau auf Gott, dann findest du Ruhe!"
(Psalm 62,6 GNB)
Wie wichtig ist es, immer wieder neu Oasen aufzusuchen, in denen man neue Kraft schöpfen kann.

Gebet:

Danke guter Gott, dass ich dir wichtig bin und du mich liebst. Ich kenne die Erfahrung sehr gut, immer wieder nachts aufzuwachen, weil mir Schmerz und Kummer den Schlaf rauben. Es ist gut zu wissen, dass ich in dieser Situation nicht alleine bin, sondern, dass du mir nahe bist. Ich setze mein Vertrauen auf dich. Ich schütte mein Herz bei dir aus und sage dir, was mich bedrückt und quält. Danke, dass du mir zuhörst und dass ich dir wichtig bin. Danke, dass mein Herz in deiner Nähe zur Ruhe kommt, dass ich geborgen sein darf unter deinen Fittichen, dass ich dort Schutz, Wärme und Ruhe finde, wenn die Stürme des Lebens um mich herum tosen. Amen.

**Man lindert oft sein Leid,
indem man es erzählt.
Denn Schweigen ist das Gefängnis,
erzählen ist der Schlüssel.**
(Pierre Cornaille)

Herr, ich komme zu dir
und ich steh vor dir, so wie ich bin.
Alles, was mich bewegt,
lege ich vor dich hin.
Meine Sorgen sind dir nicht verborgen,
du wirst sorgen für mich.
Voll Vertrauen will ich auf dich schauen.
Herr, ich baue auf dich!

Gib mir ein neues, ungeteiltes Herz!
Lege ein neues Lied in meinen Mund!
Fülle mich neu mit deinem Geist,
denn du bewirkst dein Lob in mir!

Herr, ich komme zu dir
und ich schütte mein Herz bei dir aus.
Was mich hindert ganz bei dir zu sein,
räume aus.
Meine Sorgen sind dir nicht verborgen,
du wirst sorgen für mich.
Voll Vertrauen will ich auf dich schauen.
Herr, ich baue auf dich!

(Albert Frey 1992)

Tag 13 Gott tröstet uns wie eine Mutter

„Ich will euch trösten, wie einen seine Mutter
tröstet." (Jesaja 66,13 LÜ)
„Alle, die mich hassen, werden sich schämen, wenn
sie sehen, wie du mir hilfst und mich tröstest."
(Psalm 86,17b GNB)

Wie wohltuend und Halt spendend ist es, nicht allein zu
sein, wenn es einem schlecht geht. Wie gut tut es, wenn
jemand bei uns ist, dem wir wichtig sind, der uns zuhört
und uns liebevoll in den Arm nimmt, wenn wir traurig
sind.
All das und noch viel mehr will ich für dich sein, so
lässt es uns Gott durch den Propheten Jesaja wissen.
Das bedeutet, dass Gott interessiert unser Leben
verfolgt, dass er uns nahe ist, über uns wacht und zur
Stelle ist, wenn wir Hilfe, Stärkung und Trost brauchen.

Gott ist nicht etwa ein ferner Gott, der die Welt am
Anfang einmal geschaffen, nach Art eines Uhrwerkes in
Gang gesetzt, sich dann zurückgezogen und sie sich
selbst überlassen hat. Gott ist in dieser Welt auch heute
noch tagaus tagein am Werke. Er erhält sie, schützt sie
gegen die ständige Bedrohung durch das Chaos und
lenkt ihre Geschicke.

Gott ist auch kein kühler und distanzierter Gott, der in
sich selbst ruht und sich selbst genügt. Gott ist vielmehr
ein mitfühlendes Wesen, eine Person, ein Gegenüber,
ein Du. Es berührt ihn, wenn es dir schlecht geht. Dein
Leid lässt ihn nicht kalt. Wenn du leidest, leidet er mit.
Gott sehnt sich danach, dir zu helfen, weil er dich liebt.
Er lädt dich ein, mit deiner Not und deiner Trauer im

Gebet zu ihm zu kommen (Psalm 119,76). Er will dich trösten, wie einen seine Mutter tröstet.
Gott vergleicht sich selbst mit einer liebevollen Mutter, die ihren Sohn (ihre Tochter), der aufgelöst und weinend nach Hause kommt, erst einmal in den Arm nimmt und drückt. Ein aufgeschlagenes Knie, Mobbing durch Mitschüler oder Liebeskummer, Mama ist da. Sicherlich sind auch manche Männer gute Tröster, doch scheint es mir, als habe Gott die Damen der Schöpfung in besonderer Weise dazu begabt.

So wie ein Kind mit seinem Kummer zu seiner Mama rennt, weil es ihr vertraut, so lädt uns Gott dazu ein, unser Vertrauen auf ihn zu setzen. Er wird es ganz gewiss nicht missbrauchen.
Der alttestamentliche Prophet Jesaja hat in seinem Leben hautnah erfahren, dass Gott vertrauenswürdig ist. Er bezeugt es uns mit folgenden Worten: „Die aber, die dem Herrn vertrauen, schöpfen neue Kraft, sie bekommen Flügel wie Adler. Sie laufen und werden nicht müde, sie gehen und werden nicht matt."
(Jesaja 40,31 EÜ) Wow!

Gebet:

Danke himmlischer Vater, dass du an meinem Leben interessiert bist und es aufmerksam verfolgst. Danke, dass dich meine Not, mein Leid und meine Trauer in deinem Inneren berühren. Danke, dass du mir stets nahe bist, auch wenn ich dies manchmal nicht spüre. Danke, dass du mir helfen willst. Danke, dass du mich so trösten möchtest wie dies eine liebevolle Mutter tut. Danke, dass du vollkommen vertrauenswürdig bist. Herr, ich will mein Vertrauen auf dich zu setzten, hilf mir dabei. Herr, ich will mich dir anvertrauen, wenn ich Hilfe brauche. Herr, mir geht es zurzeit schlecht. Ich bin tieftraurig, tröste mich mit deinem mütterlichen Trost! Amen.

Tag 14 Gott tröstet uns in der Person des Heiligen Geistes

„Aber glaubt mir, es ist gut für euch, dass ich (scil Jesus) fortgehe; denn sonst wird der Helfer (Tröster, Beistand) nicht zu euch kommen. Wenn ich aber fortgehe, dann werde ich ihn zu euch senden und er wird meine Stelle einnehmen."
(Johannes 16,7 GNB)
„Ich lasse euch nicht wie Waisenkinder allein; ich komme wieder zu euch." (Johannes 14,18 GNB)

Vielleicht ist Ihnen die Vorstellung fremd, dass der Geist Gottes eine Person ist und als Helfer, Beistand oder Tröster bezeichnet wird. Als Menschen bekommen wir diese beiden Realitäten nicht zusammen. Für uns ist ein Wesen entweder ein Geist oder eine Person. Doch der Heilige Geist ist wirklich ein personhaftes Gegenüber, ein Du, im Vollsinn des Wortes. Von ihm wird berichtet, dass er selbständig denkt sowie einen Willen und Gefühle besitzt. Außerdem kann der Heilige Geist „sprechen", mit den Gläubigen kommunizieren und sie auf diese Weise leiten.

Jesus hat zu seinen Jüngern gesagt: „Es ist gut für euch, dass ich fortgehe." und zu meinem Vater in den Himmel zurückkehre. Wozu soll das gut sein? Jesu Fortgang bedeutete für seine Freunde einen schmerzlichen Verlust, schließlich waren sie drei Jahre lang zusammen mit Jesus umhergezogen und hatten das Leben mit ihm geteilt. Sie hatten zusammen gegessen und getrunken, Jesu Geschichten aufmerksam gelauscht, ihm neugierig über die Schulter geschaut, wenn er kranke Menschen heilte, mit ihm gelacht und sich manches Mal an seiner Schulter ausgeweint. So etwas schweißt zusammen: Sie waren Freunde fürs Leben.

Dennoch sagt Jesus, es sei gut, dass er sie verlasse, denn wenn er erst zur Rechten Gottes Platz genommen habe, werde er den Heiligen Geist zu ihnen senden. Jesus lässt seine Freunde also nicht mutterseelenallein als Waisenkinder zurück, sondern schickt jemand anderen als seinen Nachfolger zu ihnen. Dieser soll dessen Platz so vollkommen ausfüllen, dass bei den Jüngern keinerlei Verlusterfahrung aufkommen wird. Der Heilige Geist ist unaufhörlich und untrennbar mit Jesus verbunden, dass Jesus sogar über dessen Kommen sagen kann, er selbst komme wieder.

Eine wesentliche Aufgabe des Dienstes des Geistes besteht darin, uns in allen Lebenslagen, also auch in unserer Trauer und Not beizustehen und uns zu trösten. Und diese Aufgabe beherrscht er perfekt.

Wie können wir seinen Beistand und Trost erfahren? Wenn Sie noch nicht an Gott und seinen Sohn Jesus Christus glauben und ihm noch nicht nachfolgen, dann lädt Gott Sie heute ein: Schenke mir dein Vertrauen und bitte mich jetzt, dir meinen Geist zu scheinen! (Lukas 11,13) Das Kommen des Heiligen Geistes ist nur ein einfaches, schlichtes Gebet weit entfernt. Sollten Sie bereits Christ sein, dann wohnt der Heilige Geist bleibend in ihnen. Bitten Sie ihn darum, Sie neu auszufüllen, Ihnen Kraft zu schenken, Sie zu trösten und Ihnen in ihrer Not beizustehen!

Gebet:

Danke himmlischer Vater, dass du mich in meiner Not und Traurigkeit siehst. Ich bin dir sehr wichtig. Du liebst mich von ganzem Herzen.

So wie du den Freunden Jesu den Heiligen Geist gesandt hast, damit er ihnen in allen Herausforderungen ihres Lebens beistehe, sie kräftige und leite, so willst du auch mir nahe sein in meiner Not, meinem Kummer und meiner Traurigkeit.

(für Nicht-Christen: Ich stelle mich auf deine Zusage, die du in der Bibel gegeben hast, und bitte dich Gott: „Sende mir nun deinen Heiligen Geist!")

Danke Heiliger Geist, dass du (nun) bleibend in mir wohnst, und zwar für immer. Bitte tröste mich in meiner Traurigkeit! Die Wunde des Verlustes tut so schrecklich weh. Lass mich spüren, dass du bei mir bist! Schließe mich fest in deine Arme und lass mich bei dir Geborgenheit und Ruhe finden! Stehe mir bei und schenke mir Halt! Amen.

Tag 15 Gott tröstet und schenkt neuen Mut und neue Hoffnung

„Wenn aber aufrichtige Menschen zu ihm rufen (ihn um Hilfe anflehen), hört er sie und rettet sie aus jeder Not. Der Herr ist denen nahe, die verzweifelt sind, und rettet jeden, der alle Hoffnung (allen Mut) verloren hat. Zwar bleiben auch dem, der treu zu Gott steht, Schmerz und Leid nicht erspart; doch aus allem befreit ihn der Herr!" (Psalm 34,18f Hfa)

Gott ist nahe denen, die all ihren Mut und all ihre Hoffnung verloren haben, denen, die verzweifelt sind. Welch eine Zusage!

Ich weiß nicht, wie es Ihnen zur Zeit geht. Wenn ein hochbetagter Mensch stirbt, dann ist dies zwar traurig und schmerzlich für die Hinterbliebenen, doch wissen wir, dass dies „normal" ist, der Weg allen Lebens. Wir müssen halt alle einmal sterben, sind vergänglich. Doch was ist, wenn ein kleines Kind verunglückt und stirbt? Oder, wenn eine junge Mutter schwer erkrankt, aus dem Leben scheidet und Kinder zurücklässt? Empfinden wir dies nicht als ungerecht? Wird uns dann nicht bewusst, dass diese Welt, so wie sie ist, nicht in Ordnung ist? Die Bibel spricht davon, dass wir in einer „gefallenen Schöpfung" leben. Das, was einst einmal sehr gut war (1Mose 1,31), ist es nun nicht mehr, auch wenn wir immer wieder Spuren dieser einst wundervollen Schöpfung erblicken. Der us-amerikanische Pastor Dr. Robert Schuller prägte einmal den Satz: „Life is not fair, but God is good." (deutsch: Das Leben ist ungerecht, aber Gott ist gut.). Mit dieser

Aussage fasst er das Gesagte, wie ich finde, treffend zusammen. Ist es fair, wenn ein Baby, das sein ganzes Leben noch vor sich hat bzw. haben sollte, am plötzlichen Kindstod stirbt?

Wir alle müssen unser Päckchen tragen, doch manche haben ein ungleich größeres zu schultern. Warum ist das so? Ich weiß es nicht. Doch eines weiß ich genau: Es gibt ein „Zu-Viel". Es gibt Menschen, die von so vielen und schweren Schicksalsschlägen heimgesucht werden, denen so viel Krankheit, Schmerz, Leid und Not begegnen, dass sie unter dieser Last (schier) zusammenbrechen. Die Person des Hiob ist dafür ein biblisches Beispiel.

Wen wundert es, dass jemand angesichts dieser Situation allen Mut und alle Hoffnung, ja den Blick für das Schöne und Gute verliert. Ist etwa alles aussichtslos?

Nein, denn es gibt einen lebendigen Gott. Wenn wir all unsere Lasten alleine tragen müssten, dann wären wir hoffnungslos überfordert, doch Gott verspricht uns: Rufe zu mir! Flehe mich um Hilfe an! Ich bin dir nahe, mitten in deiner Not, in deiner Hoffnungslosigkeit und deiner Verzweiflung. Du bist nicht allein. Ich will dich aus deinem Schmerz und deinem Leid befreien, dich aus dem dunklen Tal herausführen zurück auf die saftigen, grünen Auen, auf denen du neu durchatmen und dich stärken kannst. Gib mir deine Lasten! Ich will sie dir abnehmen. (Matthäus 11,28) Ich will dich, der du ermattet bist, erquicken. (Jeremia 31,25 Bru)

Gebet:

Himmlischer Vater, danke, dass du all jenen nahe bist, die ihren Mut und ihre Hoffnung verloren haben und verzweifelt sind. Danke, dass du zugesagt hast, dass du einen jeden hörst und ihm hilfst, der zu dir schreit und dich um Hilfe anfleht. Du hast immer ein offenes Ohr für mich. Du bist immer online.

Herr, ich setze mein Vertrauen auf dein göttliches Wort, auch wenn mein Denken und Fühlen mir zurzeit etwas ganz anderes sagen: Du siehst, wie mutlos und verzweifelt ich bin. Vieles verstehe ich nicht. Meine Kraft ist am Ende. Ich bin kurz davor aufzugeben. Ich verliere den Halt unter meinen Füßen. Bitte, lass mich spüren, dass du bei mir bist! Halt mich ganz fest in deinen Armen! Befreie mich aus meiner Finsternis und Verzweiflung und schenke mir neuen Lebensmut und neue Hoffnung! Bitte hilf mir gerade jetzt! Danke, dass du es tust. Amen.

Tag 16   Gott tröstet und schenkt neue Kraft

„Er gibt den Erschöpften neue Kraft; er gibt den Kraftlosen reichlich Stärke. Es mag sein, dass selbst junge Leute matt und müde werden und junge Männer völlig zusammenbrechen, doch die, die auf den Herrn warten (harren, vertrauen), gewinnen neue Kraft. Sie schwingen sich nach oben wie die Adler. Sie laufen schnell, ohne zu ermüden. Sie werden gehen und werden nicht matt."
(Jesaja 40,29-31 NLB)

Sind Sie erschöpft, weil Sie gegenwärtig eine schwere Zeit durchmachen? Sind Sie mit ihrer Kraft am Ende? Sind Sie vielleicht kurz davor aufzugeben? Dann lassen Sie mich Ihnen zurufen:

Es gibt Hoffnung! Der Prophet Jesaja bezeugt es. Gott gibt allen, die erschöpft, kraft- und mutlos sind, neue Energie, ja mehr als das, *reichlich* Stärke. Gott möchte nicht, dass wir gerade einmal so viel Kraft haben, um dahin zu vegetieren. Er möchte, dass es uns rundherum gut geht. Deshalb bietet er uns an, uns reichlich Power (Stärke) zu schenken.

Was ist dazu nötig? Gott zu glauben, ihm zu vertrauen, wie ein Kind seinem Papa. Du brauchst dafür keinen riesengroßen Glauben, der ganze Berge versetzen kann. Alles, wonach Gott Ausschau hält, ist, dass du denjenigen Glauben, den du besitzt – selbst wenn dieser nur so klein sein sollte wie ein winziges Saatkorn – investierst und damit zu ihm kommst. Dieses Vertrauen Gott gegenüber ist eine Art Mandat, das du Gott erteilst, dir zu helfen.

Gott wird dir neue Kraft, Energie, Freude, Mut und Zuversicht geben. Das geschieht aber nicht immer auf der Stelle. Oftmals müssen wir warten, ausharren, weiter beten und treu bleiben im Vertrauen, bis Gott zu seiner Zeit eingreift. Wie und wann Gott handelt, ist immer Ausdruck seiner Liebe zu dir. Gott ist souverän in dem, was er, wann und wie tut. Wir dürfen dennoch gewiss sein, dass alles, was er geschehen lässt, aus Liebe zu uns geschieht.

Irgendwann ist der Tag da, an dem Gottes Stärke wie ein mächtiger Strom in dich hineinfließt. Dann richtest du dich wieder auf aus deiner gebückten Haltung und schwingst dich in die Lüfte wie ein Adler.

Gebet:

Himmlischer Vater, meine Kraft ist am Ende. Schwer liegt die Last des Verlustes auf meinen Schultern. Ich bin erschöpft vom vielen Weinen. Manchmal denke ich, es geht nicht mehr weiter ohne meinen Lieben und alles ist vorbei. Danke guter Gott für deine Mut machenden Worte. Mein Glaube ist nicht groß, aber das an Vertrauen, was noch da ist, setze ich auf dich. Hilf mir! Schenke mir neue Kraft, neue Energie, neuen Lebensmut und eine neue Perspektive! Ich danke dir, dass du mein Gebet erhören wirst auf deine Art und zu deiner Zeit, aber stets zu meinem Besten. Amen.

Nachfolgend finden Sie zwei Verse aus einem Lied, das mir sehr viel bedeutet. Ich habe es bereits in manchen dunklen Stunden meines Lebens gesungen als ein Gebet, einen Schrei zu Gott. Ich habe dadurch Trost erfahren. Auch wenn es in meinem Leben manches Mal fünf vor zwölf war, so darf ich doch dankbar bezeugen: Gott hat stets helfend eingegriffen.

**Meine Kraft war am Ende,
schon beinah gab ich auf,
in meiner Not schrie ich zu dem Herrn.
Da sandte er seinen Engel,
seinen Geist mir beizusteh'n
und so entriss er mich der Dunkelheit.**

**Kommt, lasst uns nun
den Herrn lobpreisen für immer!
Ich schrie zu ihm, er hörte mich
und stellte mich wieder auf.
So lasst uns nun den Herrn lobpreisen für immer.
Kommt, singt sein Lob mit mir,
ihr, meine Freunde!**

4) Die Realität des Todes anerkennen – Abschied nehmen

Ich muss mich verabschieden,
verabschieden von meinen Träumen,
verabschieden von meinen Wünschen,
verabschieden von einem Stern,
verabschieden von einer Zeit der Hoffnung,
von einer Zeit des Glücks,
von einer Zeit der Freude.
Aber es fällt mir schwer,
diese Zeit habe ich vor Augen,
ich weiß, dass ich nicht daran festhalten darf,
ich loslassen muss.
So hoffe ich auf eine andere Zeit,
eine neue Zeit.

Tag 17 Den Verstorbenen loslassen

„Aber nun ist es (scil. das Kind) tot; was soll ich mich da noch kasteien (wörtlich: fasten)? Ich kann es ja doch nicht wieder zum Leben erwecken. Ich folge ihm einmal nach - aber zu mir kommt es nicht mehr zurück." (2Samuel 12,23 GNB)

König David hat einen schweren Verlust zu beklagen. Sein erster Sohn mit seiner Frau Bathseba ist verstorben.

Tagaus tagein hatte David für sein schwer krankes Kind zu Gott geschrien. Er hatte ihn angefleht, es am Leben zu lassen. Er hatte keinen Bissen mehr angerührt. Er hatte nachts auf dem nackten Boden geschlafen. Er hatte unter Aufbietung aller seiner Kräfte gekämpft und am Ende doch verloren. Nach einer Woche starb sein Sohn. Wie musste ihm zumute gewesen sein? Sein Kind zu verlieren, gehört zu den belastendsten Erfahrungen in dem Leben von Eltern. David wird bewusst, dass jetzt der Zeitpunkt gekommen ist, den Kampf einzustellen und das Geschehene zu akzeptieren.

Aus dem Bibeltext erfahren wir, dass der König überraschend schnell realisiert, dass sein Sohn tot ist und nie wieder zurückkommen wird. Ob er diesen schweren Verlust wirklich schon in seiner Tiefe erfasst hat? Der Text schweigt meines Erachtens über Davids Verfassung kurz nach dem Tod seines Sohnes, den ersten Schock, die Verleugnung und das Nicht-Wahrhaben-Wollen.

Für den Trauerweg ist es wichtig, ja entscheidend, dass man zu gegebener Zeit anerkennt, dass der Verlust endgültig ist und der Tote nie mehr zurückkommen wird. Nur so lassen wir den Schmerz zu, Gefühle wie Niedergeschlagenheit, Wut, Schuld, Angst und Einsamkeit sowie verschiedene körperliche Symptome. Nur so können wir auf dem Weg der Trauer Schritte gehen. Nur so können wir am Ende der Wegstrecke wieder zurück ins Leben finden.

Bestimmte Rituale können einem auf diesem Wege helfen. Vielen Trauernden wird in dem Moment, in dem der Sarg in die Erde eingesenkt wird, die Endgültigkeit des Abschieds plötzlich deutlich: „Er / Sie kommt *nie* mehr zurück. Von nun an bin ich allein."

Die Verstorbene bzw. der Verstorbene lebt zwar in unseren Gedanken und in unserem Herzen weiter, aber das ist etwas anderes als wenn sie leibhaftig bei uns wären. Wir müssen nun lernen, uns allein zurechtzufinden, uns Aufgaben und Verantwortlichkeiten zu stellen, mit denen wir bisher nichts zu tun hatten.

Dabei kann einem die Nähe anderer Menschen helfen, die einfach nur da sind und zuhören, wie die Freunde Hiobs, einen vielleicht einmal in den Arm nehmen oder einem Halt geben. Von David lesen wir, dass er seine Frau Bathseba nach dem Verlust ihres gemeinsamen Sohnes getröstet hat
(2Samuel 12,24).

Über den wichtigen menschlichen Trost hinaus können und dürfen wir als Christen mit unserer Traurigkeit und Trauer, aber auch mit Depression, Wut, Schuld, Angst, Klage und Einsamkeit zu Gott kommen. Von ihm heißt es, dass er uns tröstet wie einen seine Mutter tröstet, liebevoll, freundlich, zärtlich, verständnisvoll und Geborgenheit spendend. Der Heilige Geist, die dritte Person Gottes, wird von Jesus als der Tröster (wörtlich: der Herbeigerufene) bezeichnet. Rufen wir ihn herbei, dann kommt er umgehend und steht uns in unserer Not und Traurigkeit bei.

Gebet:

Himmlischer Vater, manchmal erhörst du unsere Gebete nicht so, wie wir uns das gedacht und gewünscht haben, und ein Mensch, den wir sehr geliebt haben, stirbt. Manchmal verstehen wir dich und deine Pläne nicht. Das verwirrt und schmerzt. Dennoch setze ich mein Vertrauen auf dich, dass du es gut mit mir und meinen Lieben meinst. Hilf, dass ich …, den / die ich „verloren" habe, loslassen kann! Tröste mich in meiner Traurigkeit, freundlich, zärtlich, verständnisvoll und Geborgenheit spendend, so wie eine liebevolle Mutter ihr Kind tröstet! Amen.

Tag 18 Die Erinnerung an den Verstorbenen loslassen

„Lenke deinen Sinn nicht mehr auf den Toten, lass von der Erinnerung an ihn ab und denk an die Zukunft! Denk nicht mehr an ihn (...) Was kannst du ihm nützen? Dir aber schadest du."
(Sirach 38,20 EÜ)

Eines Tages wird der Zeitpunkt kommen – dieser Zeitraum kann ganz unterschiedlich lange sein –, an dem wir unseren Sinn nicht mehr aktiv auf den Verstorbenen lenken, um uns an sie / ihn zu erinnern. Unsere Lieben werden wir niemals vergessen. Die Erinnerung an sie wird bleiben, aber sie wird mit der Zeit schwächer und blasser und nimmt nicht mehr einen solch großen Raum ein wie zu Anfang der Trauer. Das Verhältnis zu ihnen wandelt sich. Der Weg nach vorne in ein neues Leben hinein wird frei.

Im Laufe des Trauerweges ist es irgendwann notwendig, dass ich mir bewusst werde, dass die liebe Person, die ich betraue, tot ist und nie mehr zurückkommen wird. Ich muss realisieren und lernen, damit umzugehen, dass ich von nun an alleine bin.

Rituale können dabei helfen, wahrzunehmen und anzuerkennen, dass der Verlust endgültig ist:

*   Packen Sie die Dinge, die dem Verstorbenen gehörten, beiseite! Behalten Sie nur diejenigen Sachen, die ihnen besonders wichtig sind und die sie behalten möchten und verschenken Sie

das Übrige!

- Richten Sie das Zimmer des Verstorbenen so her, dass es auch wieder anderweitig genutzt werden kann!
- Sprechen Sie mit Ärzten und Krankenschwestern und stellen Sie ihnen die Fragen, die ihnen auf der Seele brennen! Finden Sie heraus, was tatsächlich passiert ist, damit ihre Fantasie nicht mit ihnen durchgeht!
- Suchen Sie einen passenden Grabstein aus!
- Gehen Sie auf den Friedhof und sagen Sie ihrem Lieben, den sie verloren haben, was ihnen auf dem Herzen liegt! Sie können auch einen Brief schreiben und diesen auf das Grab legen.
- Suchen Sie das Krankenhaus bzw. den Ort des Sterbens auf!
- Gestalten Sie einen Gedächtnisstein für Ihren Verstorbenen! Zünden Sie eine Kerze an! Stellen Sie diese auf den Stein und verweilen Sie einen Moment in stillem Gedenken![xxvi]
- Legen Sie eine Botschaft, eine Zeichnung, ein Symbol oder ähnliches in den Sarg!

All das kann Ihnen helfen, Abschied zu nehmen.

Gebet:

Himmlischer Vater, die Erinnerung an meinen Lieben wird immer schwächer und blasser. Das macht mir Angst, Angst ihn ganz zu verlieren. Irgendwie ist er / sie in Gedanken noch bei mir, aber das Verhältnis zu ihm / ihr hat sich verändert. Ich spüre, dass ich ihn / sie loslassen muss. Er / sie wird niemals mehr zurückkommen. Das tut so furchtbar weh. Hilf mir, damit fertig zu werden! Tröste mich in meiner Traurigkeit! Hilf mir, dass ich ihn / sie loslassen kann! Steh mir bei, wenn ich nun alleine meinen Weg gehen muss bzw. lerne zu gehen! Danke, dass du immer bei mir bist. Amen.

**Eine Stimme, die uns vertraut war, schweigt.
Ein Mensch, der immer für uns da war,
ist nicht mehr. Er fehlt uns.
Was bleibt, sind dankbare Erinnerungen,
die uns niemand nehmen kann.**

**Eines Morgens wachst Du nicht mehr auf.
Die Vögel singen, wie sie gestern sangen.
Nichts ändert diesen neuen Tagesablauf.
Nur Du bist fortgegangen.
Du bist nun frei und unsere Tränen
wünschen Dir Glück.**
(J. W. Goethe)

Tag 19   Zwei Bäume im Park

Zwei große Bäume stehen dicht beieinander in einem
Park. Sie kennen sich schon seit frühester Jugend. Die
Äste des einen Baumes ragen in die Krone des anderen.
Beide haben sich gegenseitig hervorragend einander
angepasst. Im Frühjahr entfalten sich bei ihnen zur
gleichen Zeit die ersten Blätter.
Da, wo die einen Äste sich weiter ausdehnen, hält sich
der andere Baum zurück. Beide nehmen Rücksicht
aufeinander. Im Herbst machen sich beide für den
Winter bereit. Sie schützen sich gegenseitig vor
starkem Wind.
Der eine Baum gewährt dem anderen Schatten. Sie
holen sich aus dem Boden Wasser und teilen es
sorgfältig. So haben sich beide gemeinsam entwickelt,
sind alt geworden und haben schon viele Jahresringe
gemeinsam aufgebaut.
Eines Tages schlägt der Blitz in einen der Bäume ein
und fällt diesen. Er wird wortlos von Waldarbeitern
abtransportiert. Der andere Baum bleibt alleine zurück.
Er kann einfach nicht glauben, dass sein geliebter,
treuer Nachbar nicht mehr da sein soll. Wo sie sich
doch für den nächsten Winter schon so viel
vorgenommen hatten. Er wünscht, einfach nur einen
bösen Traum geträumt zu haben, und morgen nach dem
Aufwachen sei alles wieder in Ordnung. Doch am
nächsten Morgen ist er immer noch allein. Er schaut
suchend umher, doch er kann seinen Nachbarn
nirgendwo entdecken. Er fühlt sich nackt und hilflos.
Jetzt erst wird ihm bewusst, dass er all die Jahre vom
anderen Baum Schutz geboten bekommen hatte. Er
bemerkt, dass er auf der Seite, die dem anderen Baum
zugewandt war, schwächer entwickelt ist. Die Äste sind

kürzer und weniger dicht mit Blättern übersät. Ja, er muss sogar aufpassen, sich nicht nach der anderen Seite zu neigen und umzufallen. Der Wind fährt ihm garstig in die schwache Seite. Wie schön wäre es doch, wenn sein Nachbar noch da wäre. Er beginnt zu hadern, warum der Blitz ausgerechnet in seinen Nachbarn einschlagen musste. Es gibt doch noch mehr Bäume im Park. Er hat Angst vor dem langen, harten Winter, den er jetzt alleine durchstehen muss. Er seufzt, fühlt sich sehr einsam. Warum konnte der Blitz denn nicht sie beide treffen? Nie mehr würde er so einen Nachbarn finden, mit dem er alles teilen könnte. Nie mehr könnten er und sein Nachbar über gemeinsame schöne Stunden sprechen, die sie beide erlebt hatten. Hätte er am Ende seine Äste weiter zu seinem Nachbarn hinstrecken sollen, dass der Blitz auch ihn hätte treffen können? So quält er sich mit Schuldgefühlen, Ängsten und Verzweiflung. Die Sonne scheint wie immer und sendet ihre wärmenden Strahlen, doch er verspürt sie nicht.

Es wird Winter und er verbringt die Zeit alleine. Er überlegt, ob dies wohl der Sinn des Lebens sei.

Eines Nachts, als er wieder einmal grübelte, kam ihm die Idee, dass er sich im nächsten Frühjahr sehr anstrengen könnte, besonders die Äste seiner schwachen Seite wachsen zu lassen. Er könnte versuchen, die leeren Stellen, die der Nachbar mit seinen Ästen ausgefüllt hatte, zu füllen. Er hatte ja jetzt mehr Platz, sich auszubreiten. Er musste keine Rücksicht mehr nehmen und hatte Nahrung für zwei.

So begann er, all seine Energien darauf zu verwenden, die Lücke, die sein Nachbar hinterlassen hatte, allmählich auszufüllen.

Ganz vorsichtig ließ er neue Äste wachsen. Es dauerte, aber er hatte ja Zeit. Und manches Mal war er sogar ein klein bisschen stolz darauf, alleine gegen die Kälte und die Winde anzukämpfen. Er wusste, dass es nie mehr so sein würde wie früher – aber wenn der Nachbar jetzt noch einmal kommen würde oder gar ein neuer Nachbar, hätte er nicht mehr so viel Platz zu Verfügung wie früher. Eines wusste er genau. Er würde den alten Nachbarn nie vergessen, denn er hatte ja die ersten 50 Jahresringe mit ihm gemeinsam verbracht. Zu jedem Jahresring konnte er gemeinsam erlebte Geschichten erzählen. Zu den letzten drei Jahresringen hatte er zu erzählen, wie er gelernt hat, alleine zu leben, seinen Ästen eine neue Richtung zu geben und seinen Platz im Park neu zu gestalten.[xxvii]

Gebet:

Danke guter Gott für die gemeinsame Zeit, die ich mit … verbringen durfte. Du hast sie uns geschenkt. Danke für all die gemeinsamen Erlebnisse und die schönen Erinnerungen, auf die ich zurückblicken darf.
Danke für …, mit dem ich ein Stück meines Leben geteilt habe. Wir sind in all den Jahren miteinander verwachsen wie zwei Bäume, die ganz dicht nebeneinander aufwuchsen. Es tut so weh, dass … nicht mehr bei mir ist. Und es macht mir Angst, wenn ich daran denke, dass ich mich nun ohne sie / ihn im Leben zurechtfinden muss. Doch ich vertraue dir himmlischer Vater, dass du mir dabei hilfst und dass es eine hoffnungsvolle Zukunft gibt. Amen.

Alles verändert sich mit dem, der neben einem ist oder neben einem fehlt.

Glücklich sind wir zwei gegangen,
immer gleichen Schritt's.

Was vom Schicksal du empfangen,
ich empfing es mit.

Ach, das war ein sich'res Wandern,
auch wenn es sturmgetost,
einer war die Kraft des anderen,
einer des anderen Trost.

Und nun kann ich's nicht verstehen
und mir wird so bang.
Jeder muss alleine gehen
seinen schwersten Gang.

Wenn ich tot bin,
weint um mich ein wenig.
Denkt an mich manchmal,
doch nicht zu oft.
Denkt ab und zu an mich,
wie ich im Leben war.
Mitunter macht es Spaß, sich zu erinnern,
jedoch nur kurz.
Lasst ihr mich in Frieden,
lass ich euch in Frieden.
Solange ihr am Leben seid,
sollen eure Gedanken bei den Lebenden sein.

(Indianischer Weisheitsspruch)

5) Aus der Trauer zurück ins Leben

„Der Trauerweg als Entwicklungsweg verändert uns, wir haben uns gewandelt. Doch wenn wir den schweren Weg gegangen sind, können wir auch wieder Licht am Ende des Tunnels sehen."[xxviii]

**Inmitten der schwersten Stunden,
wird jede Seele doch gesunden.
Sie überwindet die der Trauer und der Mühen
und wird zu neuem Leben erblühen:
Getragen von der himmlischen Kraft,
die alles stets neu und heil erschafft.**

Tag 20 Am Ende des dunklen Tals wird es hell

„Und geht es auch durch dunkle Täler, fürchte ich mich nicht, denn du (scil. Gott) bist an meiner Seite. Dein Stecken und Stab schützen und trösten mich (geben mir Mut).“ (Psalm 23,4)

Manchmal führt uns unser Lebensweg durch dein dunkles, unheimliches Tal. Alles ist plötzlich finster um einen herum. Man sieht die Hand nicht mehr vor Augen, geschweige denn den Weg. Ist man überhaupt noch auf ihm? Das verunsichert, macht einem Angst. Nirgendwo ist ein Ausweg erkennbar, ein Licht am Ende des Tunnels, ein Silberstreif am Horizont. Wird dies nun für immer so bleiben? Wird es jemals wieder hell? Komme ich hier irgendwann wieder heraus?

Der bekannte Psalm 23 vom guten Hirten will uns Mut machen und Hoffnung schenken. Unser Lebensweg verläuft nicht etwa verschlungen im Tal herum wie ein Labyrinth; wir kommen vielmehr voran, der Weg verläuft *durch* das finstere Tal *hindurch*. Irgendwann ist er geschafft. Irgendwann erreichen wir die saftigen grünen Auen. Irgendwann scheint die Sonne wieder, wird es wieder hell, hat die Traurigkeit ein Ende, geht das Leben weiter.

„Jeder Berg hat einen Gipfel. Jedes Tal hat einen Tiefpunkt. Das Leben hat seine Höhen und Tiefen, seine Gipfel und Täler. Niemand ist immer obenauf und niemand ist ständig ganz unten.“ Dunkle Täler „...haben ein Ende. Sie gehen vorüber. Mit der Zeit löst sich alles auf." Kein dunkles Tal ist von Dauer, wird ewig bestehen. „Auf Sturm folgt immer Sonnenschein. Jeder Winter muss dem Frühjahr weichen. Ihr Sturm wird vorübergehen. Ihr Winter wird weichen."[xxix] Und was geschieht während dieser Zeit der Dunkelheit und Trauer? Dann bin ich an deiner Seite, verspricht uns Gott. Dann tröste ich dich, schütze dich, schenke dir Kraft und trage dich, wenn du mit deiner Kraft am Ende sein solltest. Du brauchst mich nur darum zu bitten. Ich bin nur ein Gebet weit entfernt. Im dunklen Tal bist du niemals allein, auch wenn du dich vielleicht so fühlst. Dessen darfst du ganz gewiss sein. Ich liebe dich. Du bist mir unendlich wichtig.

Gebet:

Guter Gott, danke, dass mein Weg durch das dunkle Tal hindurchführt, und ich nicht darin stecken bleibe oder ständig in ihm herumirre. Danke, dass es einen Ausweg gibt, dass die Zeit der Trauer und Traurigkeit in meinem Leben einmal ein Ende haben wird und ich wieder ins Leben zurückfinden werde, zurück auf die saftigen grünen Auen. Danke, dass du in dieser schweren Zeit bei mir bist, mich (in deinen Armen) hältst, mich tröstest, ermutigst und mir neue Kraft schenkst. Ich setze mein Vertrauen auf dich. Herr, schenke mir bitte ein Zeichen deiner Nähe. Amen.

Der Nacht folgt die Sonne,
den Traurigkeiten Sieg,
Freude nach Tränen,
Frieden folgt dem Krieg.
Auf Fragen gibt es Antwort
durch Gottes helles Licht,
nach versperrten Wegen
folgt neue Sicht.
Zehntausend Kerzen –
ein heller Schein,
doch Gottes Liebe
wird heller sein.[xxx]

**Die Hoffnung gibt die Kraft zum
Weiterleben.
Die Liebe gibt die Stärke
zum Überwinden der Trauer.
Der Glaube ist das tröstende,
durch Wolken strahlende Licht.**

**Es bleiben Glaube, Liebe, Hoffnung,
diese Drei:
doch am größten unter ihnen ist die Liebe.
(1Korinther 13,13 EÜ)**

Tag 21   Einmal wird die Trauer dem Trost weichen

„Als nun viele Tage vergangen waren, da starb die Tochter Schuas, Judas Frau. Und als Juda getröstet war, ging er zu seinen Schafscherern hinauf nach Timnab, er und sein Freund Hira, der Adullamiter. " (1Mose 38,12 Elb)

Wie lange dauert die Zeit des Trauerns? Eine verständliche Frage, die sich aber nicht genau beantworten lässt. Immer wieder werden diesbezüglich Fristen und Zeiträume in der Literatur als Rahmen und Orientierungshilfe benannt. Diese tragen aber eher zur Verunsicherung der Trauernden bei.

Was man lediglich sagen kann: Schnell geht es nicht. Trauern dauert, braucht seine Zeit. Und: Jeder trauert ganz unterschiedlich, auch unterschiedlich lang. Das ist völlig normal. Wir wurden von Gott, unserem Schöpfer, ganz individuell geschaffen. Die Zeit der Trauer passt in kein Schema hinein. Man kann lediglich Stationen benennen, die im Laufe eines Trauerweges beschritten werden, mehrmals und in unterschiedlicher Reihenfolge.

Wie lange jemand trauert, hängt von ganz vielen unterschiedlichen Faktoren ab, wie z.B. davon, in welcher Art von Beziehung der bzw. die Trauernde zum Verstorbenen stand. Konnte der Hinterbliebene sich auf das Sterben des anderen vorbereiten oder nicht? Wie viel Zeit steht zum Trauern zu Verfügung? Gibt es möglicherweise Hindernisse und Blockaden bei der

Bearbeitung der „Traueraufgaben"?

Weil der Trauerweg höchst unterschiedlich und ganz
individuell ist, sollten wir es auch tunlichst vermeiden
jemandem, der einen Verlust zu verkraften hat, zu
sagen: „Nun wird es aber Zeit, dass du endlich aufhörst
mit deiner Trauer. Das Leben geht schließlich weiter."
Das ist unangemessen und lieblos.

In unserem Bibeltext heißt es: „...als Juda getröstet
war" ging er wieder hinauf zu seinen Schafscherern,
zurück an seine Arbeit, also nicht nach beispielsweise
drei Wochen. Juda ging den Weg der Trauer und kam
irgendwann, nach einer nicht näher zu bestimmenden
Zeit, an seinem Ende getröstet an.

Ein Trauerweg lässt sich mit einer Spirale vergleichen.
Gelingt es, diesen Weg zu gehen, dann öffnet er sich an
seinem Ende und mündet zurück ins Leben, so wie es
bei Juda der Fall war; und man wird frei für die
Aufgaben und Herausforderungen des Daseins. Diese
wunderbare Fähigkeit, trauern zu können, hat Gott in
uns Menschen hineingelegt, als er uns schuf. Sie ist
eine Schöpfungsgabe.

Gebet:

Danke guter Gott, dass du mich ganz wunderbar und einzigartig geschaffen hast. Ich bin ein Unikat. Danke auch, dass du mir die Fähigkeit geschenkt hast, trauern zu können, wenn ich einen geliebten Menschen verliere. Diese Gabe ist es, die es mir ermöglicht, am Ende eines Trauerweges wieder zurück ins Lebens zu finden. Danke himmlischer Vater, dass ich mir so viel Zeit nehmen darf, um meinen Lieben zu betrauern, wie ich benötige. Danke, dass es Licht am Ende des Tunnels gibt, einen Silberstreif am Horizont, ein wunderschönes, neues Leben am Ende der Trauer. Amen.

Tag 22   Gott zieht unser Trauergewand aus

„Da hast du mein Klagen in Tanzen verwandelt, hast mir das Trauergewand ausgezogen und mich mit Freude umgürtet. Darum singt dir mein Herz und will nicht verstummen. Herr, mein Gott, ich will dir danken in Ewigkeit." (Psalm 30,12f EÜ)

Das sind die Worte eines Menschen, des israelitischen Königs David, der den langen Weg der Trauer gegangen ist und es erfahren durfte, dass an dessen Ende ein wundervolles, neues Leben auf ihn wartete. König David freut sich über die Maßen. Ihm ist zum Singen und Tanzen zu Mute. Herz und Mund können einfach nicht schweigen. So groß ist die Erleichterung und Dankbarkeit.

Der König weiß, dass es keine Selbstverständlichkeit ist, dass ein Trauerprozess „gelingt", dass ein Mensch das Ziel seines ganz persönlichen Trauerweges erreicht und zurück ins Leben findet. An Gottes Segen ist alles gelegen. Er schenkt das Gelingen. Er verwandelt die Klage in Tanz, zieht das Trauergewand aus und umgürtet uns wieder mit Freude.

Treten Hindernisse und Blockaden auf dem Wege der Trauer auf, dann dürfen wir Gott darum bitten, uns aufzuzeigen, an welchem Punkt und wodurch die Trauer ins Stocken geraten ist. Gott möchte uns helfen, die Hindernisse aus dem Weg zu räumen und die Blockaden zu beseitigen. Als unser Vater liebt er es von Herzen, seinen Kindern zu helfen (Matthäus 7,11). Gott tröstet uns in unser Trauer, hilft uns auf, wenn wir am

Boden liegen und trägt uns, wenn uns die Kraft versagt. *„Alles, was gut und vollkommen ist, das kommt von Gott, dem Vater des Lichts."* (Jakobus 1,17 Hfa) Das wusste David ganz genau, deshalb „posaunt" er es auch heraus:

„Herr, mein Gott, ich will dir danken in Ewigkeit." Dir habe ich es zu verdanken, dass die Wolken der Trauer der Sonne der Freude gewichen sind. Du allein warst es, der mein Klagen in Tanzen verwandelt hast. Du hast mein Trauergewand ausgezogen und mich mit Freude umgürtet.

Du warst bei mir, als ich im dunklen Tal wanderte und hast mich durch dieses hindurch geführt hinauf auf die saftigen grünen Auen. Dank sei dir dafür!

Gebet:

Guter Gott, danke dass du mit mir gemeinsam den dunklen Weg der Trauer gehst. Danke, dass du mich tröstest, wenn ich traurig bin. Danke, dass du mich aufrichtest, wenn ich am Boden liege. Danke, dass du mich trägst, wenn ich mit meiner Kraft am Ende bin. Danke, dass du mich bedingungslos liebst. Danke himmlischer Vater, dass du nur ein Gebet weit entfernt bist. Danke, dass ich nicht mit meiner Trauer alleine dastehe. Danke für liebe Freunde an meiner Seite. Danke, dass du dafür sorgst, dass ich das Ziel des Weges erreiche. Du wirst mein Trauergewand ausziehen und mich wieder mit Freude umgürten. Herr, mein Gott, ich danke dir von Herzen dafür. Amen.

Wenn Sie den Trauerweg bereits durchschritten haben, können Sie dieses Gebet in der Vergangenheitsform beten.

5) Hoffnung über den Tod hinaus

Hoffnung über den Tod hinaus zu haben, bedeutet nicht etwa, zu glauben, dass man im Gedächtnis seiner Lieben weiterlebt, wie der deutsche Philosoph Immanuel Kant es formuliert hat: „Wer im Gedächtnis seiner Lieben lebt, der ist nicht tot, der ist nur fern; tot ist nur, wer vergessen wird."
Zu wissen, dass man sich seiner nach dem Tode erinnert, ist gewiss etwas Schönes und Kostbares, aber nicht die Art von Weiterleben nach dem Tode, die die Bibel in Aussicht stellt.

Tag 23 Grundlage unserer Hoffnung: Jesu Tod am Kreuz

„Da Gottes Kinder Menschen aus Fleisch und Blut sind, wurde auch Jesus als Mensch geboren. Denn nur so konnte er durch seinen Tod die Macht des Teufels brechen, der Macht über den Tod hatte. Nur so konnte er die befreien, die ihr Leben lang Sklaven ihrer Angst vor dem Tod waren."
(Hebräer 2,14f NLB)

Nichts ist so gewiss wie der Tod. Keiner weiß etwas Genaues über ihn, doch werden wir ihm alle begegnen, ihm erliegen. Das ist gewiss. Insofern hat der Tod bzw. derjenige, der hinter ihm steht, der Teufel, Macht über alle Menschen. Viele haben Angst davor zu sterben, deshalb versuchen sie, wo immer es geht, den Tod beiseite zu schieben, ihn aus ihrem Leben zu verbannen. Ein vergeblicher Versuch.

Der Tod ist ein Feind des Lebens. Er macht alles zunichte, was wir hier auf Erden in unserem Leben geschaffen und uns aufgebaut haben. Nichts bleibt bestehen. Das ist eine traurige Wahrheit.

Im Tod sind alle Menschen gleich, selbst wenn sich ihre Trauerfeiern und Gräber deutlich voneinander unterscheiden mögen. Der Verstorbene profitiert nicht mehr davon. Auch können wir nichts mit hinüberretten in die jenseitige Welt, selbst wenn in den alten Kulturen die Hinterbliebenen ihren Lieben Gaben und Gegenstände mit ins Grab legten in der Hoffnung, diese könnten ihnen im Jenseits von Nutzen sein. Das letzte

Hemd hat bekanntermaßen keine Taschen. Das mag uns bedrücken oder gar erschrecken, doch ist dies nun einmal die brutale Wahrheit des Daseins.

Die Bibel spricht vom Tod als einem *Feind*, den Jesus Christus am Ende der Tage als letzten besiegen wird (1Korinther 15,26). Christus hat seinen Kampf gegen „Gevatter Tod" aber bereits angetreten, als er den Himmel verließ, auf die innige Liebesgemeinschaft mit seinem himmlischen Vater verzichtete, zu uns herabkam in diese finstere Welt und ein Mensch wurde wie wir. Dieses Ereignis feiern wir an Weihnachten.

Sein ganzes Leben lang hat Jesus Christus kranke Menschen geheilt und sie so vor einem frühzeitigen Tod bewahrt. Des weiteren hat er hin und wieder Tote auferweckt und sie so in ihr irdisches Leben zurückgebracht. Dies waren Zeichenhandlungen, die auf die eine und entscheidende Tat Jesu hinwiesen, die noch kommen sollte:

Sein Tod, seine Ermordung. Er wurde von römischen Soldaten an ein Kreuz genagelt, welches man außerhalb Jerusalems aufstellte. Jesu Tod war aber kein gewöhnlicher Tod eines gewöhnlichen Menschen. Jesus war nicht nur ein wirklicher Mensch wie wir, sondern zugleich ganz und gar Gott, Gottes Sohn. Sein Sterben war kein tragisches Schicksal eines vorbildlichen Menschen, der bereit war für seine Überzeugungen in den Tod zu gehen. Sein gewaltsamer Tod geschah uns zu Gute, damit wir Vergebung unserer Schuld erlangen können. Weil er starb, dürfen wir leben, ewig leben, bei Gott, in ewiger Gemeinschaft mit ihm.
Diese Wahrheit kann man mit seinem Verstand nicht

begreifen. Das ist und bleibt ein Geheimnis Gottes. Durch seinen Tod und seine Auferstehung hat Jesus Christus die Macht des Todes über die Menschen gebrochen.

Durch diese Tat Jesu hat der Tod seine Endgültigkeit, seinen furchterregenden Charakter, seine Brutalität und Schärfe, seinen „Stachel", wie es der Apostel Paulus nennt, verloren (1Korinther 15,55). Selbst wenn unser biologischer Körper einmal stirbt, so geht unser Leben dennoch weiter. Die ersten Christen betrachteten den Tod als eine Art Schlaf. Derjenige, der an Jesus Christus glaubt, schläft ein und wacht in Gottes Gegenwart, seiner neuen Welt, wieder auf. *„Im Leben und im Tod gehören wir dem Herrn."* (Römer 14,8b NeÜ)

Gebet:

Danke guter Gott, dass du aus Liebe zu mir deinen geliebten Sohn Jesus auf diese finstere Erde geschickt hast. Danke Jesus, dass du den Himmel und die Liebesgemeinschaft mit deinem Vater verlassen hast, um zu uns auf diese Welt zu kommen, um Mensch zu werden, weil du uns Menschen so unbegreiflich stark liebst. Danke, dass du durch dein gewaltsames Sterben und deine Auferstehung die Macht des Todes und des Teufels gebrochen hast. Alle, die an dich glauben und dich als Herrn ihres Leben anerkennen, werden (ewig) leben, auch wenn ihr irdischer Leib einmal stirbt. Danke guter Gott, es gibt eine Hoffnung über den Tod hinaus. Im Leben und im Sterben gehöre ich (zu) dir. Nichts und niemand kann mich von deiner Liebe trennen (Römer 8,38). Amen.

**Des Christen Tod ist nicht
der Untergang eines guten,
es ist der Aufgang
eines besseren Lebens.**
(Augustinus)

Tag 24 Jesus ist die Auferstehung in das neue Leben bei Gott

„**Jesus erwiderte ihr: Ich bin die Auferstehung und das Leben.** Wer an mich glaubt, wird leben, auch wenn er stirbt, und jeder, der lebt und an mich glaubt, wird auf ewig nicht sterben. Glaubst du das?" (Johannes 11,25f EÜ)

Glaubst du das? Dass es eine Auferweckung aus dem Tode gibt? Dass es eine Hoffnung über den Tod hinaus gibt?

Der Apostel Paulus macht diesbezüglich einige interessante Ausführungen:
„*Wenn es keine Auferstehung der Toten gibt, dann ist auch Christus nicht auferweckt worden (...) so ist euer ganzer Glaube vergeblich (...) und wer im Vertrauen auf Christus gestorben ist, ist dann verloren. (...) Wenn wir nur für das jetzige Leben auf Christus hoffen, sind wir bedauernswerter als irgendjemand sonst auf der Welt. Nun aber ist Christus vom Tod auferweckt worden, und als der erste Auferweckte gibt er uns die Gewähr, dass auch die übrigen Toten auferweckt werden.*" (1Korinther 15,13.17b-20 GNB)

Mit der Auferstehung Jesu von den Toten haben sehr viele Zeitgenossen Probleme, nicht jedoch mit Vorstellungen, wie z. B., dass sie nach ihrem Tode einmal als eine Art „kosmische Energiewelle" durch das All wabern könnten. Seltsam?! Glaubst du, dass Jesus vom Tode auferstanden ist?
Nach christlichem Verständnis wird der Mensch einmal „leiblich" auferstehen. Er ist nur komplett als eine

unauflösliche Einheit aus Geist, Seele und Leib. Wie dieser neue, „geistliche" Leib beschaffen sein wird, entzieht sich unserer Vorstellung, ist und bleibt ein göttliches Geheimnis.

Die Frage, die Jesus seinen Zuhörern stellt, bezieht sich nicht in erster Linie darauf, ob sie glauben, dass es eine Auferstehung gibt, oder ob Jesus vom Tod auferstanden ist. Ihm geht es vielmehr darum, dass die Menschen, die seine Worte hören, an ihn glauben bzw. ihm vertrauen. Das ist die entscheidende Frage. Wer Jesus Vertrauen schenkt, der wird ewig leben bei Gott, in Gemeinschaft mit ihm, in seiner neuen Welt, auch wenn sein irdischer Leib einmal stirbt.

Jesus sagt nicht: Ich zeige dir den Weg zur Auferstehung und zum ewigen Leben.
Oder: Ich begleite dich auf dem Weg zur Auferstehung und zum ewigen Leben.
Nein, Jesus spricht es klar und unmissverständlich aus: Ich bin die Auferstehung und das Leben in Person. Darum ist das ewige Leben auch exklusiv an ihn gebunden.
Jesus lädt uns ein: Glaube an mich! Vertraue mir [dein Leben an], und du wirst ewig leben in Gemeinschaft mit Gott, deinem himmlischen Vater, in seiner neuen Welt, auch wenn dein Leben hier auf Erden einmal zu Ende sein wird und dein irdischer Leib zerfällt.

Gebet:

Danke Jesus Christus, dass du jedem, der an dich glaubt und dir sein Leben anvertraut, ewiges Leben in Gemeinschaft mit Gott in seiner neuen Welt schenkst. Danke guter Gott, dass es Hoffnung über den Tod hinaus gibt. Jesus Christus, du bist als Erster auferstanden aus dem Tod in das neue Leben bei Gott, deshalb bin ich gewiss, dass auch ich einmal auferweckt werde. Der irdische Tod kann mich nicht trennen von dir und deiner Liebe. Ich werde auf ewig nicht sterben. Das glaube und bekenne ich. Amen.

„Ich bin die Auferstehung und das Leben.
Wer auf mich sein Vertrauen setzt,
wird leben, auch wenn er stirbt;
ja wer da lebt und auf mich vertraut,
wird überhaupt nie sterben.
Glaubst du daran?“

(Matthäus 11,25f Bru)

Tag 25   Im Leben und Sterben mit Jesus Christus verbunden

„Keiner lebt ja nur für sich allein, und keiner stirbt nur für sich allein. Wenn wir leben, leben wir im Angesicht des Herrn, und wenn wir sterben, sterben wir im Angesicht des Herrn. Im Leben und im Tod gehören wir dem Herrn." (Römer 14,7-8 KB)

Allein zu sterben ist schwer. Davon weiß die hauptberufliche Sekretärin Magret Rochow zu berichten, ist doch ihre Mutter vor 14 Jahren auf diese Weise verstorben. Jene Erfahrung möchte sie anderen ersparen. Deshalb hat die Mutter von zwei Kindern den großen Wunsch, anderen etwas von ihrem Glück abzugeben: „Ich möchte dazu beitragen, daß kein Mensch alleine sterben muß." Magret Rochow weiß genau, wie schlimm es ist, sich nicht voneinander verabschieden zu können, wenn Probleme ungeklärt und Worte unausgesprochen bleiben. Deshalb hat sie eine Ausbildung zur ambulanten Hospizbegleiterin gemacht und steht Menschen auf ihrem Sterbeweg zur Seite.

Wer an Jesus Christus glaubt, ihm vertraut, der darf gewiss sein, dass er nicht für sich allein stirbt. Wer im Leben bereits mit ihm verbunden war, der ist es auch im Sterben. Wer im Leben bereits zu Jesus gehörte, wird dies auch im Tod. Nichts und niemand kann diese Verbindung mit Jesus trennen.
Die Gemeinschaft mit Jesus durchzieht wie ein roter Faden das Leben eines Christen. Daran kann auch der Tod nichts ändern. Das Band, bildlich gesprochen, das uns mit ihm verbindet, wird durch den Tod nicht

durchtrennt. Es verläuft vielmehr durch die Tür des Todes hindurch hinein in die neue Welt Gottes.

Aus diesem Grunde bekennt der Apostel Paulus auch aus vollem Herzen:
„Ich bin überzeugt: Nichts kann uns von seiner Liebe trennen. Weder Tod noch Leben, weder Engel noch Mächte, weder unsere Ängste in der Gegenwart noch unsere Sorgen um die Zukunft, ja nicht einmal die Mächte der Hölle können uns von der Liebe Gottes trennen." (Römer 8,38 NLB)

Nichts uns niemand kann uns von Jesus Christus trennen, wenn wir einmal ja zu ihm gesagt haben, unser Vertrauen auf ihn gesetzt haben und uns dazu entschlossen haben, unser Leben nach seinem Willen auszurichten. Das schafft weder der Tod noch irgendwelche bösen überirdischen Mächte noch der Teufel noch unsere eigenen Sorgen und Ängste. Was für eine Mut machende und tröstliche Zusage, die Gott uns hier durch den Apostel Paulus gibt. Auch wenn wir ihn einmal nicht spüren sollten, so ist er doch gewiss immer bei uns, uns nahe. Daran können wir festhalten. Darauf dürfen wir trauen.
Jesus Christus ist treu. Im Tod wie im Leben gehören wir zu ihm.

Gebet:

Danke Herr Jesus, dass ich niemals alleine bin. Sowohl in meinem Leben, dass mich durch manche Höhen und Tiefen, durch Freud und Leid geführt hat und führt, als auch im Angesicht des Todes bist du bei mir. Du bist treu. Du bist mir stets nahe, auch wenn ich das nicht immer fühle. Danke für die Zusage, dass nichts und niemand mich von deiner Liebe trennen kann. Du hast einmal ja zu mir gesagt und dieses Ja bleibt bestehen, auch wenn ich sterbe. Die Verbindung mit dir wird durch den Tod nicht „gekappt". Danke, dass ich einmal eingehen werde in die neue Welt Gottes, meines himmlischen Vaters. Amen.

Tag 26 Jesus ist uns vorangegangen in das neue Leben bei Gott

„Tatsächlich aber ist Christus als erster von den Toten auferstanden. Der Tod ist durch die Schuld eines einzigen Menschen, nämlich Adam, in die Welt gekommen. Ebenso kommt auch durch einen einzigen, nämlich Christus, die Auferstehung. Wir sind Nachkommen Adams und müssen alle sterben. Doch alle, die Christus nachfolgen, werden durch ihn zu neuem Leben auferweckt. Die Auferstehung geht in einer bestimmten Reihenfolge vor sich: Als erster ist Christus auferstanden. Wenn er wiederkommt, werden alle auferstehen, die zu ihm gehören. Danach kommt das Ende..."
(1Korinther 15,20-24a Hfa)

Jesus Christus wurde am dritten Tage nach seiner Ermordung, das ist der Ostermorgen, von Gott, seinem himmlischen Vater, auferweckt. Er stand vom Tode auf. Danach zeigte er sich eine gewisse Zeit lang wiederholt seinen Freunden und Nachfolgern. Anschließend kehrte er in den Himmel zurück, wo er seitdem zur Rechten seines Vaters sitzt und regiert.
Des weiteren ist er bereits damit beschäftigt, die himmlischen Wohnungen derer, die an ihn glauben, behaglich einzurichten, damit alles fertig ist, wenn sie einmal kommen werden.

„Es gibt viele Wohnungen im Haus meines Vaters, und ich gehe voraus, um euch einen Platz vorzubereiten. Wenn es nicht so wäre, hätte ich es euch dann so gesagt? Wenn dann alles bereit ist, werde ich kommen und euch holen, damit ihr immer bei mir seid, dort, wo

ich bin." (Johannes 14,2f NLB)

Jesus ist der Erste, den der Tod nicht in seinen Klauen festhalten konnte. Er war der erste Mensch, der von den Toten auferstanden ist hinein in das neue Leben Gottes. Christus ist als erster den Weg vorausgegangen. Ihm werden wir einmal nachfolgen als Zweiter, Dritter, Vierter usw.. Wenn Christus eines Tages wiederkommen wird, werden die Toten auferweckt. Dann wird er alle, die zu ihm gehören, holen und in die neue Welt Gottes geleiten, damit sie sind, wo er ist, ihm nahe sind, für immer.

Jesus ist uns vorausgegangen in das neue Leben bei Gott. Und alle, die zu ihm gehören, das sind die, die an ihn glauben, ihm vertrauen und tun, was er sagt, werden ihm einmal nachfolgen.

Gebet:

Danke Jesus Christus, dass du die Macht des Todes gebrochen hast. Du bist als erster Mensch in das neue Leben Gottes hinein auferstanden. Danke, dass du mir meine himmlische Wohnung bereits perfekt eingerichtet hast. Das zeigt mir, wie sehr du mich liebst. Dort bin ich zuhause. Dort gehöre ich hin. Ich bin ein Himmelsbürger (Epheser 2,19; Philipper 3,20). Danke Jesus, dass du einmal wiederkommen wirst, um mich nach Hause zu holen, damit ich in dieser wundervollen neuen Welt leben darf, damit ich bin, wo du bist. Das ist wunderbar. Amen.

Denn der Herr selbst wird
mit einem lauten Befehl,
unter dem Ruf des Erzengels
und dem Schall der Posaune
Gottes vom Himmel herabkommen.
Dann werden zuerst alle Gläubigen,
die schon gestorben sind,
aus ihren Gräbern auferstehen.
Und mit ihnen zusammen werden
auch wir Übrigen,
die noch auf der Erde leben,
auf den Wolken hinaufgehoben werden
in die Luft,
um dem Herrn zu begegnen und
in Ewigkeit bei ihm zu bleiben.
Tröstet euch also gegenseitig
mit diesen Worten!

(1Thessalonicher 4,16-18 NLB)

Tag 27   Verwandlung in einen himmlischen Körper

„**Denn unser vergänglicher irdischer Körper muss in einen himmlischen Körper verwandelt werden, der nicht mehr sterben wird. Wenn dies geschieht - wenn unsere vergänglichen, irdischen Körper in unvergängliche, himmlische Körper verwandelt sind - dann wird sich das Schriftwort erfüllen: „Der Tod wurde verschlungen vom Sieg.“** (1Korinther 15,53f NLB)

Wer sich einmal mit der Anatomie und Physiologie des menschlichen Körpers beschäftigt hat, der kommt aus dem Staunen nicht mehr heraus. Unser Leib ist ein geniales Wunderwerk, schwer zu glauben, dass er sich nur durch Genveränderungen (Mutationen) und natürliche Auslese im Laufe eines unvorstellbar langen Zeitraums „von selbst“ entwickelt haben soll. Die Bibel verrät uns stattdessen, dass jeder Mensch, jedes Tier, jede Pflanze, ja alles, was ist, sich dem schöpferischen Handeln Gottes verdankt.

Obwohl unser menschlicher Körper so einzigartig ist, ist er doch nicht mehr so, wie Gott ihn einmal geschaffen hat, nämlich sehr gut. Wir Menschen altern, weil unser Körper Fehler macht bei der Erneuerung seiner Zellen. Wir sind anfällig für Krankheitserreger und Störungen im eigenen Organismus. Wir werden krank, manchmal sehr schwer und leiden daran. Manche Menschen kommen mit Behinderungen auf die Welt, mit genetischen „Defekten“. Im höheren Alter ist kaum noch ein Körper gesund. Diese Tatsache tritt gerade in der heutigen Zeit deutlich zu Tage, in der die Menschen immer länger leben. Am Ende erwartet uns alle der Tod, der Zerfall unseres Leibes.

Unser irdischer Körper ist schwach und vergänglich. Wer hat sich nicht schon einmal danach gesehnt, als es ihm körperlich richtig schlecht ging, aus seiner Haut schlüpfen zu können? Die gute Nachricht lautet: Unser irdischer Leib wird einmal verwandelt werden in einen neuen, gesunden, starken und unvergänglichen. Dieser neue Körper wird nicht mehr altern, keine Gebrechen mehr haben und niemals mehr sterben. Alles körperliche Leid wird dann ein Ende haben (Offenbarung 21,4; 22,3).

Gebet:

Danke guter Gott, du Schöpfer des Himmels und der Erde, dass du mich so wunderbar geschaffen hast, zusammen mit allen anderen Geschöpfen auf dieser Erde. Danke für meinen Körper, dieses Wunderwerk aus deiner Hand.
Herr, dieser Leib ist zugleich anfällig und schwach, und ich leide an mancherlei Krankheiten und Gebrechen. Gibt mir Kraft, diese zu (er-)tragen und stärke mich in meinem Vertrauen zu dir. Als den Herrn, meinen himmlischen Arzt, bitte ich dich aber auch: Mach mich wieder gesund! Danke, dass mein schwacher und vergänglicher Leib einmal von dir verwandelt wird in einen starken und unvergänglichen himmlischen Körper. Danke, dass Krankheit, Schmerz und Leid in deiner neuen Welt einmal ein Ende haben werden.
Amen.

Denn wir wissen:
Wenn dieses irdische Zelt, in dem wir leben,
einmal abgerissen wird -
wenn wir sterben und diesen Körper verlassen
-,
werden wir ein ewiges Haus im Himmel haben,
einen neuen Körper,
der von Gott kommt und nicht von Menschen.
Deshalb sehnen wir uns danach,
diesen vergänglichen Körper zu verlassen,
und freuen uns auf den Tag,
an dem wir unseren himmlischen Körper
anziehen dürfen
wie ein neues Gewand.

(2Korinther 5,1f NLB)

Jetzt sind unsere Körper nicht perfekt,
aber wenn sie auferstehen werden,
werden sie voller Herrlichkeit sein.
Jetzt sind sie schwach, dann aber voller Kraft.
Jetzt sind es natürliche menschliche Körper,
aber wenn sie auferstehen,
werden es geistliche Körper sein.
Denn so wie es irdische Körper gibt,
so gibt es auch geistliche.

(1Korinther 15,43f NLB)

Tag 28 Wer Hoffnung hat, trauert anders

„Und nun, Brüder, möchte ich, dass ihr wisst, was mit denen geschieht, die bereits gestorben sind, damit ihr nicht traurig seid wie jene Menschen, die keine Hoffnung haben. Denn weil wir glauben, dass Jesus starb und wieder auferstanden ist, glauben wir auch, dass Gott durch Jesus alle verstorbenen Gläubigen wiederbringen wird, wenn Jesus kommt." (1Thessalonicher 4,13f NLB)

Wer einen lieben Menschen verloren hat, ist tieftraurig. Trauer ist eine ganz natürliche Reaktion, ist man doch mit dieser Person eine mehr oder weniger lange Wegstrecke gemeinsam gegangen und hat Freud und Leid miteinander geteilt. Viele gemeinsame Erlebnisse und Erfahrungen verbinden einen. Bestimmte Gegenstände, Orte und Aktivitäten lösen Erinnerungen an den Verstorbenen bzw. die Verstorbene in uns aus. Das tut weh. Ehepaare, die jahrzehntelang zusammen gelebt haben, sind miteinander verwachsen wie Bäume, die nah beieinander aufwuchsen (siehe Tag 19). Der Tod reißt den anderen aus unserem Leben heraus und hinterlässt eine schmerzliche Lücke. Dieses Thema behandelt der Apostel Paulus in seinem ersten Brief an die Thessalonicher.

Christen sind, wie andere Menschen auch, erschüttert und traurig, wenn sie einen geliebten Menschen verlieren. Ihre Trauer besitzt jedoch einen anderen Charakter, weil sie von der Hoffnung erfüllt sind, dass der bzw. die Verstorbene, so sie an Jesus Christus geglaubt hat, nicht wirklich tot ist, sondern in Gottes neuer Welt in ewiger Gemeinschaft mit ihm leben wird. Christen werden getragen von dieser berechtigten, mächtigen Hoffnung. Für sie ist der Tod nicht so brutal und endgültig wie für andere Menschen. Sie betrachten ihn vielmehr als eine Art Schlaf. Wenn man stirbt, schläft man in dieser Welt ein und wacht in Gottes neuer und wunderbarer Welt wieder auf. Der Tod hat seine Schärfe, seinen Stachel verloren (1Korinther 15,55).

Wer von dieser lebendigen Hoffnung erfüllt ist, trauert anders. Zum einen ist er traurig darüber, dass er einen geliebten Menschen verloren hat. Gleichzeitig freut er sich aber auch für den Verstorbenen, dass dieser nun schauen darf, was er im Hier und Jetzt geglaubt und worauf er sein Leben gebaut hat. Der Tote ist den Weg bereits vorangegangen, auf dem alle gegenwärtigen und zukünftigen Gläubigen ihm einmal nachfolgen werden.

Gebet:

Danke guter Gott, dass alle, die an dich und deinen Sohn Jesus glauben, einmal bei dir leben werden in deiner neuen und wunderbaren Welt, auch wenn unser irdisches Ableben eine Station auf dem Weg dorthin ist, die wir zu durchschreiten haben. Diese lebendige Hoffnung über den Tod hinaus schenkt Trost und Kraft, wenn man den Verlust eines geliebten Menschen zu betrauern hat. Auch wenn ich traurig bin und es furchtbar weh tut, weil ... nicht mehr bei mir ist, darf ich doch getrost sein, dass sie / er in deiner Nähe gut aufgehoben ist. Dort geht es ihm / ihr nun sehr gut. Amen.

Wir treten aus dem Schatten
bald in ein helles Licht.
Wir treten durch den Vorhang
vor Gottes Angesicht.
Wir legen ab die Bürde,
das müde Erdenkleid;
sind fertig mit den Sorgen
und mit dem letzten Leid.
Wir treten aus dem Dunkel
nun in ein helles Licht.
Warum wir's Sterben nennen?
Ich weiß es nicht.

(Dietrich Bonhoeffer)

Tag 29 Im Himmel sind die Tage der Trauer zu Ende

„Er (scil. Gott) wird alle ihre Tränen abwischen, und es wird keinen Tod und keine Trauer und kein Weinen und keinen Schmerz mehr geben. Denn die erste Welt mit ihrem ganzen Unheil ist für immer vergangen.Und der, der auf dem Thron saß, sagte: "Ja, ich mache alles neu!"
(Offenbarung 21,4-5a NLB)

Was für ein wundervolles und unbeschreiblich schönes Bild! Was für eine überwältigende Aussicht! Was für eine hoffnungsvolle Zukunft!

Gott macht einmal <u>alles</u> neu. In seiner neuen Welt wird es kein Sterben und keine Trauer mehr geben, keine Klage und kein Seufzen, keinen Schmerz und keine Tränen.
Die Verletzungen und nicht verheilten Wunden, die wir zur Zeit noch mit uns herumschleppen, die immer wieder schmerzen und uns daran hindern, unbeschwert und fröhlich zu sein, wird es dann nicht mehr geben. Die Freude, die wir dann empfinden, wird vollkommen, ungetrübt und unbeschwert sein. Der Prophet Maleachi beschreibt diese wunderbare Zeit mit dem folgenden Bild:

„Aber euch, die ihr meinen Namen fürchtet, wird die Sonne aufgehen. Gerechtigkeit und Heilung strahlen für euch auf und ihr werdet Freudensprünge machen wie Kälber, die man auf die Weide hinaus lässt."
(Maleachi 3,20 LÜ)

Vor Gottes Angesicht *„herrscht Freude in Fülle"*, in seiner Gegenwart *„Wonne für alle Zeit"* (Psalm 16,11 EÜ).

Können Sie sich das vorstellen, dass Sie wieder wie ein Kind unbeschwert und ausgelassen vor Freude jauchzen und springen werden? Diese neue Welt Gottes ist <u>für alle</u> Menschen da. Jeder, der sein Vertrauen auf Jesus setzt, ihm sein Herz anvertraut und ihm nachfolgt, wird in die neue Welt Gottes eintreten.

<u>Gebet:</u>

Danke guter Gott, dass du mich so sehr liebst, dass du für mich eine solch wundervolle Zukunft bereitet hast. Danke Herr Jesus, dass du meine himmlische Wohnung bereits perfekt eingerichtet hast. Danke, dass meine Traurigkeit, mein Schmerz und meine Tränen dann endlich ein Ende haben werden, wenn ich in die neue Welt Gottes eintrete. Danke, dass meine Wunden dort nicht nur verheilt bzw. vernarbt, sondern völlig verschwunden sind. Danke, dass die Freude, die ich dann empfinden werde, vollkommen, ungetrübt und unbeschwert sein wird. Danke, dass du ein Gott bist, der seine Kinder mit überfließender Fülle beschenken will. Amen.

Tag 30   Im Himmel ist Gott selbst unser Licht

„Am Tag wirst du weder das Licht der Sonne brauchen noch wird dir der Glanz des Mondes leuchten, denn der Herr, dein Gott, ist dann dein ewiges Licht und dein strahlender Glanz. Deine Sonne wird nicht mehr untergehen und dein Mond nicht mehr verschwinden, denn der Herr wird dein ewiges Licht sein. Die Tage deiner Trauer sind dann vorbei.“ (Jesaja 60,19f NLB)

Die Sonne spendet Licht, und Licht bedeutet Leben, und ohne Licht ist kein Leben möglich.[xxxi] Das UV-Licht der Sonne ist für Pflanze, Tier und Mensch (über-)lebenswichtig. Es wirkt auf unseren Energiehaushalt, unser Immunsystem und unseren Stoffwechsel. Es steigert unser Konzentrations-, Leistungs- und Lernvermögen. Es übt einen positiven Einfluss auf Krankheiten aus wie Depressionen. Das Licht der Sonne ermöglicht darüber hinaus Orientierung. Ohne Licht finden wir unseren Weg nicht. Und schließlich spendet die Sonne eine angenehme und behagliche Wärme.

Wie wohltuend ist es, wenn nach einem langen, harten Winter endlich der Frühling anbricht, die Tage ganz allmählich, doch spürbar, länger werden, die Finsternis dem Licht weicht, die Kälte der Wärme. Wie schön ist es anzusehen, wie das erste junge Grün die Bäume und Sträucher umkleidet.
In unserer Welt gibt es einen steten Wechsel von Licht und Finsternis, von Wärme und Kälte, von Freud und

Leid, von Gutem und Bösem. Nach einem sonnenreichen Sommer wird es wieder dunkel und kalt. Nach Glücks- und Freudenzeiten erfahren wir erneut Leid. Das Böse bzw. der Böse schlägt immer wieder einmal zu.

In Gottes neuer Welt hingegen wird es anders sein. Dann brauchen wir die irdische Sonne mit ihrer begrenzten Leuchtkraft und Leuchtdauer nicht mehr. Gott wird dann unser <u>ewiges</u> Licht sein. Nie mehr wird diese Sonne, die Gott selbst ist, untergehen. Niemals mehr wird es dunkel und kalt werden. Bosheit, Leid und Schmerz gibt es nicht mehr. Die Tage der Trauer sind vorbei.

Gott ist dann allezeit um uns herum, in unserer Mitte, wie eine nie versiegende Quelle des Lichtes und Lebens. Wie großartig!

Gebet:

Danke guter Gott, dass du bereits hier und heute meine Lebensquelle, meine Sonne und mein Licht bist. Danke aber auch, dass die Zeit einmal zu Ende sein wird, da sich Licht und Finsternis abwechseln, Wärme und Kälte, Gutes und Böses, Freud und Leid. Danke himmlischer Vater, dass du versprochen hast, dass du selbst am Ende der Tage mein ewiges Licht sein wirst, meine Lebenssonne, die nicht mehr untergehen wird. Danke, dass es dann niemals mehr dunkel und kalt wird. Das Böse bzw. der Böse, Leid und Schmerz werden verschwunden und die Wunden vollkommen verheilt sein. Danke, dass dann endlich die Zeit der Trauer vorbei ist.   Amen.

**Wende dein Gesicht der Sonne zu,
dann fallen die Schatten hinter dich.**
(Chinesisches Weisheit)

**Denn bei dir ist die Quelle des Lebens,
und in deinem Lichte sehen wir das Licht.**
(Psalm 36,10 LÜ)

Du kamst in mein Dunkel
Und nahmst das Gestern fort.
Der Horizont liegt vor mir.
Die Freude find ich dort.

Refrain:
Die Sonne brauch ich nicht, wenn du da bist.
Keinen Mond, wenn du nah bei mir bist.
Du bist das Licht in meinem Leben.
Du bist mein Gott.

Wie ein Himmel voller Sterne
ist ein neuer Tag mit Dir.
Bei Dir bin ich so gerne.
Für immer leben wir.

Bridge:
Endlos ist sie. Endlos ist sie.
Endlos ist Deine Liebe.[xxxii]

(Markus Medau / Sarah Reichert)

Tag 31 Am Ende wird Gerechtigkeit herrschen

„Wir warten aber auf einen neuen Himmel und eine neue Erde nach seiner Verheißung, in denen Gerechtigkeit wohnt." (2.Petrus 3,13 LÜ)

Unsere Erde ist nicht mehr so, wie sie ursprünglich einmal war, nämlich sehr gut (1Mose 1,31). Die Bibel führt dies auf den Sündenfall zurück. Dass wir in einer Welt leben, die „aus dem Lot" geraten ist, liegt offen zu Tage: wachsender Egoismus, die Gier nach Geld, Macht und Einfluss und ihre Folgen: der Einsatz von Ellenbogen, Mobbing, das Spinnen von Intrigen, Korruption, Lug und Trug, Unbarmherzigkeit, Gnadenlosigkeit, Lieblosigkeit im Umgang miteinander, Ausbeutung von Mensch und Tier, ja letztlich unseres gesamten Planeten, ohne Rücksicht auf Verluste, Kriege um Rohstoffe und nicht zuletzt schreckliche Naturkatastrophen.

Verständlich, dass sich nicht wenige Menschen nach einer neuen und besseren Welt sehnen. Nicht nur sie, sondern *„die gesamte Schöpfung leidet und (wartet) unter Qualen auf ihre Neugeburt..."* (Römer 8,22 Hfa) Sie seufzt regelrecht aufgrund der auf dieser Erde herrschenden Bosheit.

Was die neue Erde, die neue Welt Gottes, auszeichnet, ist, dass in ihr Gerechtigkeit wohnt. All jene Menschen, die in ihrem Leben viel Leid zu tragen hatten, ja unter ihren Lasten (fast) zusammengebrochen sind, die in ihrem irdischen Leben nichts als Elend zu sehen bekamen, werden sich einmal unbeschwert freuen. In der neuen Welt Gottes werden sie reich entschädigt. Dass Gott Gerechtigkeit schaffen wird, bedeutet, dass er die Verhältnisse umkehrt und einen göttlichen Ausgleich schafft.

„Selig ihr Armen, denn ihr werdet frei von aller Not, wenn Gott König ist. Selig, die ihr jetzt hungert, denn Gott wird euch satt machen.

Selig, die ihr jetzt weint, denn ihr werdet lachen.

Selig seid ihr, wenn die anderen euch hassen, euch ausstoßen, euch beschimpfen ..., weil ihr zu Jesus gehört, dem Menschensohn. Freut euch und jubelt ... denn im Himmel werdet ihr reich entschädigt. "

(Lukas 6,20-23 KB)

Alle Ungerechtigkeit, die uns jetzt noch bedrückt, wird dann beseitigt sein und der, der im Leben „zu kurz gekommen ist", auf der Schattenseite des Lebens verbracht hat, empfängt einen großzügigen Ausgleich.

Gebet:

Danke guter Gott, dass du diese Welt, die nicht mehr so ist, wie sie einmal war bzw. sein sollte, einmal neu machen wirst. Mit dem Beginn dieser neuen Erde verschwindet auch alles Böse, wie Egoismus, Gier, Unbarmherzigkeit, Lieblosigkeit, Ausbeutung und Kriege. Danke himmlischer Vater, dass in dieser neuen Welt Gerechtigkeit wohnt. Danke, dass du einen Ausgleich schaffen wirst. Dann werden die Armen und Elenden frei sein von aller Not, die Hungernden satt sein und die Trauernden und Weinenden werden wieder lachen. Danke Vater, dass all jenen, die in ihrem Leben schweres Unrecht erlitten haben, Gerechtigkeit zu Teil werden wird in deiner neuen Welt. Amen.

Wer das Strahlen der Morgenröte sehen will, muss durch die Nacht wandern!
(A. Mäder)

Hinter der Wolkenwand
blühen die Sterne,
ewig in unsagbarer Pracht.

Hinter der Wolkenwand
ist goldenes Licht,
auch in dunkelster Nacht.

Hinter der Wolkenwand
ist die Ewigkeit,
in der alles Leid erlischt.

Hinter der Wolkenwand
wohnt der Frieden,
doch wir sehen ihn nicht.

Herr, in mir ist es finster,
aber bei dir ist das Licht.
Ich bin einsam,
aber du verlässt mich nicht.
Ich bin kleinmütig,
aber bei dir ist Hilfe.
Ich bin unruhig,
aber bei dir ist der Friede.
Ich verstehe deine Wege nicht,
aber du weißt den Weg für mich.

(Gebet von Dietrich Bonhoeffer)

Gebet an Gott um Hilfe in der Not

„Herr, höre mein Gebet und
lass mein Schreien zu dir kommen!
Verbirg dein Antlitz nicht vor mir in der Not,
neige deine Ohren zu mir;
wenn ich dich anrufe,
so erhöre mich bald! (…)
Mein Herz ist geschlagen
und verdorrt wie Gras,
dass ich sogar vergesse, mein Brot zu essen.
Mein Gebein klebt an meiner Haut
vor Heulen und Seufzen.
Ich bin wie die Eule in der Einöde,
wie das Käuzchen in den Trümmern.
Ich wache und klage wie ein einsamer Vogel
auf dem Dach. (…)
Herr, höre mein Gebet und
lass mein Schreien zu dir kommen!"

(nach Psalm 102,2f.5-8)

Bibelstellen-Verzeichnis

Literaturverzeichnis

- Berger, Klaus / Nord, Christiane, Das Neue Testament und frühchristliche Schriften – übersetzt und kommentiert von Klaus Berger und Christiane Nord, Frankfurt a.m., Leipzig 1999.
- Canacakis, Jorgos, Ich begleite dich durch deine Trauer, Stuttgart 1990.
- Canacakis, Jorgos, Ich sehe deine Tränen – Trauern, Klagen, Leben können, 8. Aufl. Stuttgart 1993.
- Kast, Verena, Trauern – Phasen und Chancen des psychischen Prozesses, Stuttgart 1982.
- Kopp-Breinlinger, Karina / Rechenberg-Winter, Petra, In der Mitte der Nacht beginnt ein neuer Tag – Mit Verlust und Trauer leben, 3. Aufl. München 2007.
- Pfeiffer, Adolf, Seminar Trauerbegleiter (Seminarunterlagen)
- Schuller, Robert H., Mit Flügeln des Adlers – Mit Gottes Hilfe schwere Zeiten überstehen, Asslar 2005.
- Wolf, Dr. Doris, Einen geliebten Menschen verlieren – Vom schmerzlichen Umgang mit der Trauer, 3. Aufl. Mannheim 1994.
- Wolfelt, Alan D., Für Zeiten der Trauer – Wie ich mir selbst helfen kann. 100 praktische Anregungen, Stuttgart, Zürich 2002.

Es wurden folgende Abkürzungen für die verwendeten
Bibelübersetzungen benutzt:

Bru	Hans Bruns, Das Alte und das Neue Testament 1962
Elb	Elberfelder Bibel 1992
EÜ	Einheitsübersetzung 1980
GNB	Gute Nachricht Bibel 2000
Hfa	Hoffnung für alle 1996
KB	Klaus Berger, Das Neue Testament 1999
LÜ	Lutherbibel 1984
NeÜ	Neue evangelistische Übertragung 2003
NLB	Neues Leben Bibel 2002

i Adolf Pfeiffer, Trauerherberge, Trauerbegleiter 11, Seminararbeit 2, S. 2.

ii Siehe S. 44, Die Brücke der Trauer von Jörg Zink!

iii Adolf Pfeiffer, Trauerherberge, Trauerbegleiter 11, Seminararbeit 2, S. 2.

iv Verena Kast, Trauern, S. 57-78.

v Herbert Scheuring

vi Siehe Adolf Pfeiffer, Trauerherberge, Trauerbegleiter 11, Seminararbeit 2, S. 2.

vii Adolf Pfeiffer, Seminar Trauerbegleiter, Seminareinheit 1,1.

viii Siehe Wolfelt, Trauer, die Seiten 13,18-19,32,55-58,64,66,74,85,99!

ix Siehe Kast, Trauern, S. 153.

x Kast, Trauern, S. 154.

xi Kast, Trauern, S. 153.

xii Hier spricht der Sarg, aus: "Frankfurter Anthologie", Bd. 19 (1996), S. 39-43.

xiii Peter Strauch, Meine Zeit steht in deinen Händen (Lied), 1981.

xiv Peter Strauch – Rechte: Hänssler-Verlag, Neuhausen-Stuttgart.

xv Wolf, Menschen, S. 26.

xvi Adolf Pfeiffer, Unterlagen Trauerbegleiter, Seminareinheit 1, 8.

xvii Canacakis, Trauer, S. 41.

xviii Adolf Pfeiffer, Trauerherberge, Trauerbegleiter 11, Seminareinheit 1, S. 7.

xix http://www.blumen-kleine.de/trauerfloristik.html

xx Kopp-Breinlinger, Nacht, S. 178.

xxi Kopp-Breinlinger, Nacht, S. 179.

xxii Zerreißen des Gewandes (1Mose 37,29.34); Anlegen des Trauergewandes (2Samuel 3,31; Jes 32,11); Rezitation der Totenklage (Jer 22,18; 2Samuel 1; 19,2.5; 1Könige 13,29f u.ö.); Hinzuziehen von

Klagefrauen (Am 5,16; Jer 9,16-19!; Jes 32,11f; Weish 19,3 u.ö.); Fasten (1Sam 31,13; 2Sam 1,12; 3,35 u.ö.); Trost durch Nachbarn und Freunde (Jer 16,7; Ez 24,17.22); Haarescheren (Jes 22,12; Jer 16,6; Mi 1,16, Hi 1,20); Haareraufen (Esr 9,3); Asche und Staubs auf das Haupt streuen (2Sam 13,18f)

xxiii Quelle: http://www.pfarrehanfthal.at Hilfen und Methoden zur Bewältigung der Trauer - nicht nur für Kinder.

xxiv Canacakis, Trauer, S. 69.

xxv Vgl. Canacakis, Trauer, S. 70.

xxvi Siehe Adolf Pfeiffer, Seminar Trauerbegleiter, Seminareinheit 4, 1.

xxvii Wolf, Menschen, S. 34-36.

xxviii Kopp-Breinlinger, Nacht, S. 198.

xxix Robert H. Schuller, Adlers, S. 62.

xxx Matthias Mascher – Rechte: Verlag Singende Gemeinde, Wuppertal.

xxxi Von Ausnahmen einmal abgesehen.

xxxii Originaltital: No need for the sun, Text deutsch: Markus Medau, Sarah Reichert, Alle Rechte beim Urheber, No limit Berlin

Herstellung und Verlag:
BoD – Books on Demand, Norderstedt
ISBN 978-3-8482-1807-3